小博士直通车

环球发明①

军事装备　机电设备　家用电器
仪器仪表　交通运输　邮政电信

钟宝良◎编著

北方联合出版传媒（集团）股份有限公司
辽宁少年儿童出版社

图书在版编目（CIP）数据

环球发明.1／钟宝良编著.—2版.—沈阳：辽宁少年儿童出版社，2012.8

（小博士直通车）

ISBN 978-7-5315-3065-7

Ⅰ.①环… Ⅱ.①钟… Ⅲ.①创造发明—少儿读物 Ⅳ.①N19-49

中国版本图书馆 CIP 数据核字（2012）第 201602 号

环球发明.1

钟宝良　编著

出版发行：北方联合出版传媒（集团）股份有限公司

辽宁少年儿童出版社

出版人：许科甲

地址：沈阳市和平区十一纬路 25 号

邮编：110003

发行（销售）部电话：024-23284265

总编室电话：024-23284269

E-mail：lnse@ mail. lnpgc. com. cn

http：//www. lnse. com

承印厂：北京市昌平区新兴胶印厂

责任编辑：陈　鸣

责任校对：那一文

责任印制：吕国刚

幅面尺寸：165mm×230mm

印　张：12　　字数：120 千字

出版时间：2013 年 1 月第 2 版

印刷时间：2013 年 1 月第 1 次印刷

标准书号：ISBN 978-7-5315-3065-7

定　价：23.50 元

前面的话

你想成为科学家和发明家吗？你想知道人类是怎样揭开自然之谜的吗？你想有所发明、有所发现吗？那就读一读这套书吧！这套《小博士直通车》丛书共8册，讲的都是科学史上有关发明和发现的精彩故事，包括《环球发明》2册、《环球发现》3册和《环球仿生》3册。

与一般的同类书有所不同，这套丛书不仅系统地讲述了数千年来人类有哪些重要的发明和发现，同时还具体介绍了科学家们是怎样做出这些发明和发现的。它为你打开了科学发明、发现的宝库，你从中可以学到丰富的科学知识，找到科学发明、发现的各种规律和方法，受到极大的启迪。

这套丛书的每篇故事都写得非常生动有趣。它以浅显易懂的语言和生动的比喻把种种深奥的科学知识形象地展示在你面前，读起来肯定会令你着迷。

未来的科学家、发明家们，这套丛书就像一列直通快车，在你成长为科学家的路上会帮助你早日获得成功！

目录

军事装备

机电设备

家用电器

仪器仪表

交通运输

邮政电信

军事装备

长 矛

长矛，简称矛。古人所说的枪，就是矛，所以人们也把矛叫做扎枪、红缨枪。头上装一铁尖，后面装一木质长柄。原始人将它作为打猎的工具。后来才发展成为战争武器之一。

据考古发现，至少在一百万至二百万年以前，人类就已经有了石器工具。

长矛是原始人的伟大发明，也是原始社会生产力发展的重要标志。

在原始社会里，石器的制造，给人类生活带来了极大的方便。石刀、石斧代替了人们的牙齿，可以用来杀死野兽，切割兽肉和各种植物；棍棒的利用，延长了手的长度，弥补了手的不足。但是，它们分开来使用，不如合在一起为好。于是，古人们把单一的、分散的石器、骨器或兽角和木棒绑到一起，制成了一种新的工具——长矛。

公元1929年，我国考古学家在北京周口店，发掘出了距今50万年的“北京猿人”化石，同时还发现了很尖的石头和骨头，这就是矛。石头做的叫石矛，骨头做的叫骨矛。

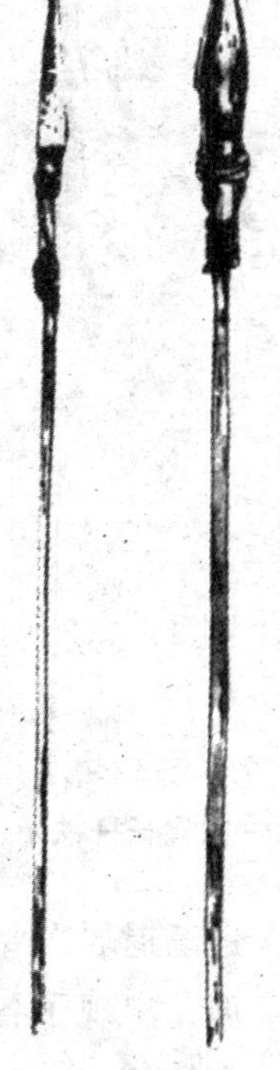

石矛　骨矛

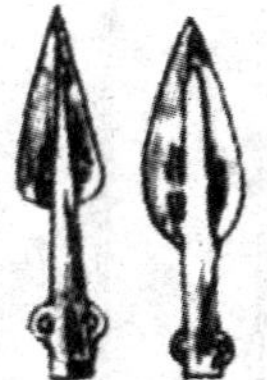

商代铜矛头

周代铜矛头

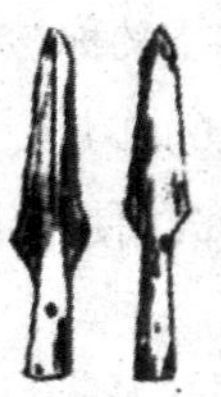

战国铜矛头

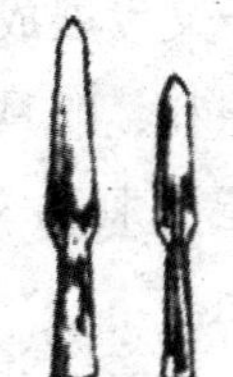

秦汉铜矛头

长矛，开始时，人们用来上山打猎、刺杀野兽；到江河湖海去刺杀、捕捉鱼类，是一种生活生产工具。后来，原始社会出现了部落，部落间因种种原因而产生矛盾，常发生打架、斗殴事件。最后为了争夺地盘，部落间便开始相互打仗。这样，也就产生了战争。这时，长矛也就变成了武器。

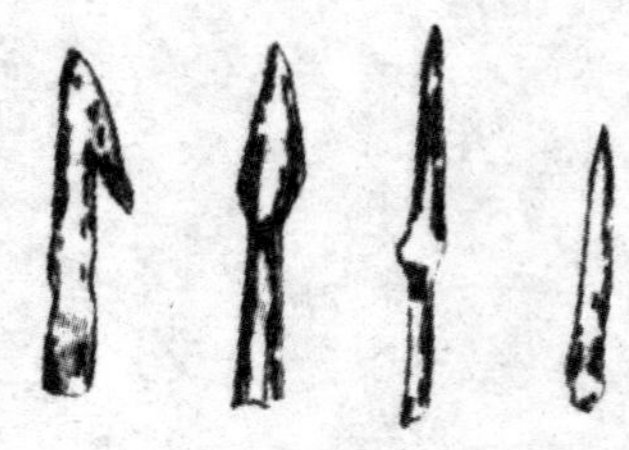
秦汉矛头

在原始社会，既没有专用的兵器，也没有专门的军队，劳动者一到战时就变成了战士，他们手中的生产工具——长矛也就变成了作战武器。

后来，经过了很长很长的时间，随着科学技术的发展，出现了冶金技术。我国夏代时出现了青铜器。从此，原始的石矛、骨矛被青铜器所代替，出现了青铜矛头。

到了春秋战国时期，我国进入了冶铁时代。秦始皇统一中国后，就开始大量销毁青铜兵器，而代之以铁兵器。秦朝和汉朝，都是用铁来制造兵器的。这时候长矛的矛头也都是铁制的了。后汉、晋代以后，长矛在作战中被广泛使用。两军对阵时，各自持矛向对方平刺、格杀。矛成为战争中的主要武器之一。

宋代长杆铁矛

到了宋朝后期，火枪出现了，长矛就逐渐退居次要地位。但它并没有消失，而且有了新的发展，出现了各种长杆铁枪，如钩枪、拐刃枪、抓枪、拐突枪等。

元代时，军队中骑兵较多。为适应骑兵作战需要，长矛又发展成为标枪（又称梭镖）。这种标枪两头尖尖而且锋利，既具有长矛的作用，又增加了长矛的功能。它既能平刺，又能投掷，使用灵活，杀伤力强，被广泛使用。

到了明代，长矛又出现了新的品种，如四角枪、箭形枪、焰形枪、铁钩枪、龙刀枪等等。

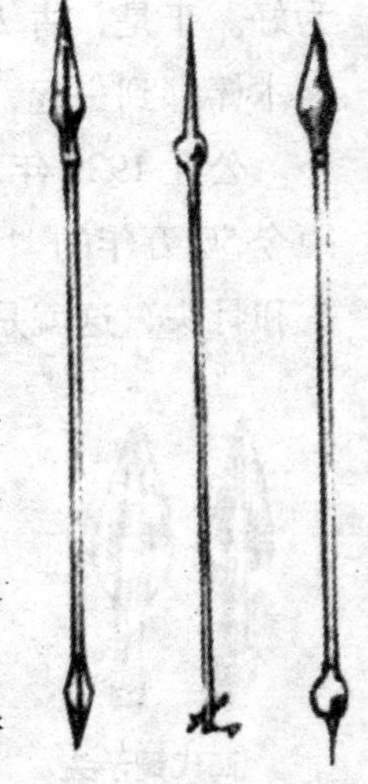
元代标枪

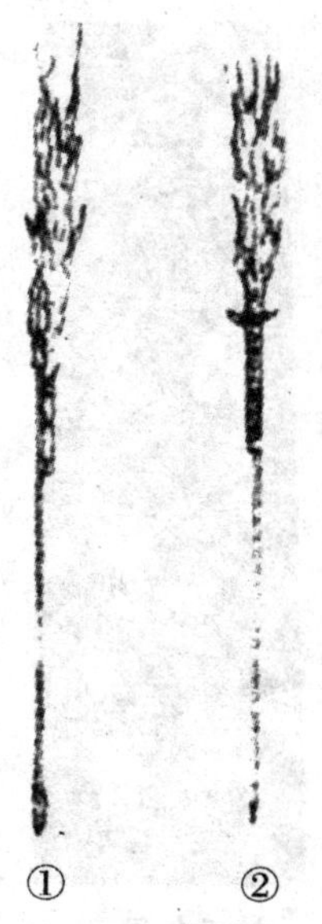
① ②

①明代梨花枪
②清代梨花枪

另外，早在宋代就发明的“梨花枪”，在明代得到了进一步的改进和发展。这种“梨花枪”是将长矛和火药结合起来使用的一种兵器。它既可以用来刺杀，同时，又可喷射出火焰来烧灼敌人。在当时的武器中，它是杀伤力很强的一种。它是一种由冷兵器（指刀、枪、剑、戟一类兵器）向火器过渡的枪，是兵器发展史上的一大进步。

现代武器出现后，在战争舞台上统治了几千年的长矛，自然也就退出了战争的舞台。

今天，我们虽然还能见到长矛，但它已不再是武器，而是戏剧舞台上的道具，老年人锻炼身体的器具，博物馆里的陈列品和工艺品了。

宝　剑

宝剑，简称剑，是我国古代人们随身佩带的一种武器。它两面长刃，中间略凸呈脊状，柄短。剑是经过一种特殊的工艺制作而成的。相传开刃后的宝剑，光芒四射，锋利异常，削铁如泥，令人生畏。剑在古代兵器中最为贵重，故称“宝剑”。

宝剑最早出现于我国古代殷末周初时期。目前，我国考古学家已找到的最古老的剑，是在陕西长安张家坡西周墓中发掘出来的一把短剑。这把剑只有 27 厘米长，形状很像匕首，用青铜（铜和锡的合金）制成，距今大约已有 3000 多年的历史了。

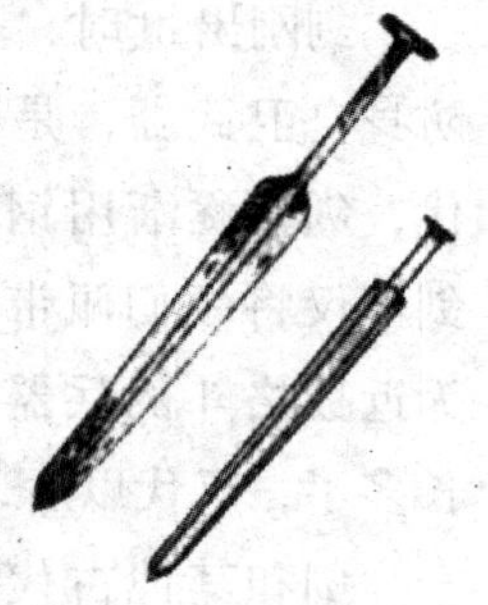
宝剑

人们把好剑称为“宝剑”。在古代，炼制剑是一件很难的事。那时，没有任何分析检验的仪器来检验人们使用的材料，一切全靠制剑人的经验，代代相传。这说明我们祖先制剑技艺是多么的高超！

到了春秋战国时，制剑技术有了很大的发展，出现了一批有名的制剑大师，如欧冶子、风胡子、干将、莫邪（yé）等。

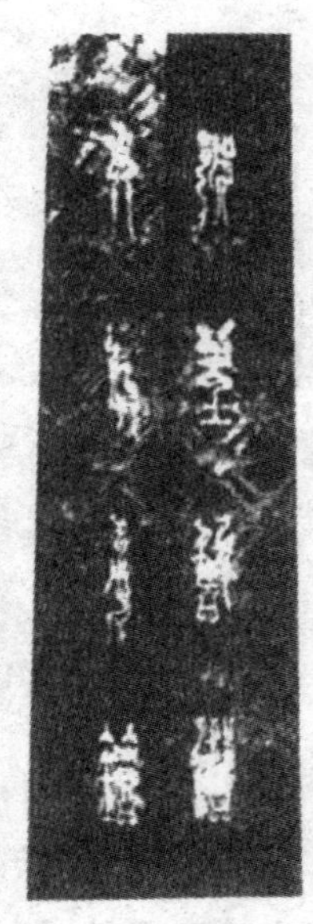
越王剑局部

相传，春秋时，越国被吴国打败后，越王勾践为了向吴国求和，忍痛把湛卢、胜邪、鱼肠三口宝剑奉献给了吴王夫差。后来，这三口剑失传了，千百年来下落不明。直到1965年，我国考古工作者从湖北江陵县望山一号楚墓中发掘出了两把剑。其中一把剑上镌（juān）刻有“越王鸠（jiū）浅自作用鐱”八个字。其中“鐱”是“剑”的古体字，“鸠浅”就是“勾践”。因此，考古学家认定这把剑就是“越王剑”或“勾践剑”。此剑距今虽已有2400多年的历史，但依然锋利如初，光彩夺目。剑的表面有很漂亮的黑色菱形花纹，剑长55．7厘米，宽4．6厘米，剑柄长8．4厘米。经化验是用青铜制成，其中还含有少量的铝和微量的镍。这把剑制作工艺高超，剑背和剑刃的含锡量不同：剑背含量少（约10%），质柔而坚韧，重击不易折断；剑刃含量较多（约20%），质脆而硬，刃口锋利。这把剑能将白纸一挥而断，真可谓古代武器中的稀世珍宝了。由此可看出我国古代的冶炼技术已发展到相当高的水平了。

越王剑

剑刚出世时，是君王、将领们的一种防身自卫武器，是用青铜制造的。到了汉代，剑就逐渐用钢铁来制造了。这时，宝剑不仅将领们佩带，一般战士也都用它作为近战格斗的兵器。这时的剑也比早先的长多了，汉代以后，剑的使用更普遍了。

一般士兵也用上了宝剑

剑和其他古代冷兵器一样，经历了几千年的风风雨雨，直到火器出现后才逐渐退出战斗的舞台。今天，我们还能看到剑，但它和长矛、弓箭一样，已不是战争的武器，而是戏剧舞台上的道具、人们强身健体的器具和艺术品了。

弓 箭

弓箭，也是古代的一种战争武器。弓由弓臂和弓弦（xián）组成。弓臂用竹子或有弹性的木材制作，弓弦用皮革或绳子做成。箭的箭杆大多是用竹、木做的，箭头是铁做的，有锋利的刃，箭尾装有羽毛，这样箭在空中飞行时就稳定平衡。弹射时，射手将箭扣在弓弦上，然后用力拉弦张弓，将箭飞快而有力地射向目标。

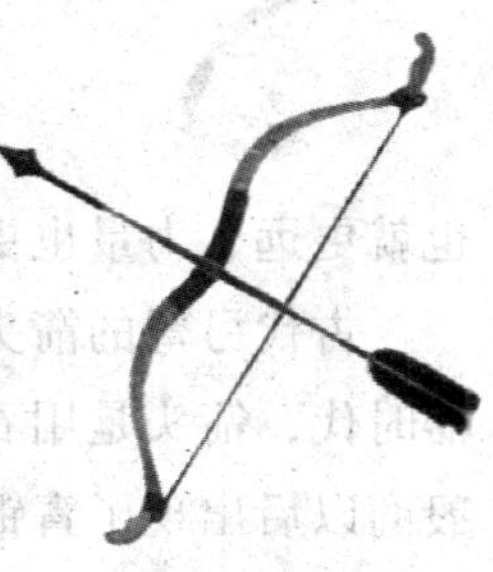
弓箭

原始社会时，人们可以用长矛去狩猎（shòu liè）、捕鱼。但是，人的力气是有限的，长矛不能投掷得太远，速度也不那么快，这就失去了击中野兽的准确性，特别是捕捉飞禽，可能性就更小了。

人们发明了弓箭

这样，人们就用石头、兽骨制成了可以放手投掷的梭镖。之后，人们又把尖利的石片、骨头，绑在木杆或竹竿上，做成了箭，再用竹片或有弹性的树条，绷上皮条或绳子做成弓，这样就发明了弓箭。

弓箭的发明是原始人生活中的又一件大事，也是力学在科学史上的最初应用。不论地上跑的走兽，天上飞的飞禽，还是河里游的各种鱼类，箭只要一射向目标，就会像长了翅膀一样迅速地扎到它们的身上，或射穿猎物的肉体。从而，也进一步发展了人类征服自然的能力。

用弓射箭，射击猎物时，搭箭、拉弓、瞄准

猎物是同时进行的，速度很快，但也有缺点，发射时，所有动作必须霎（shà）时间同时完成，所以，击中猎物的准确性就很不保靠。因此，人们对弓进行了不断改进，造出了弩（nǔ）。

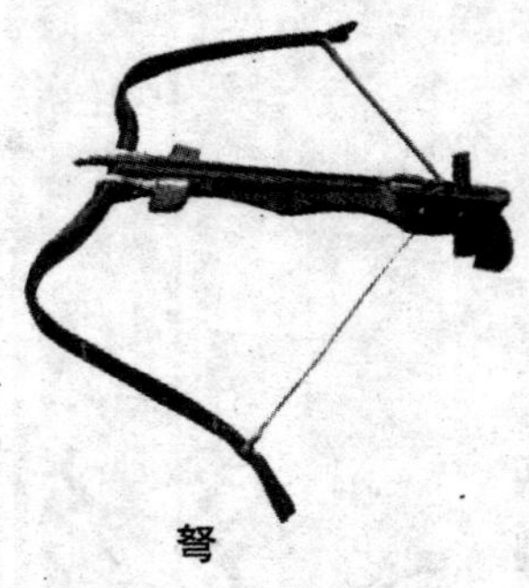
弩

弩是一种利用机械力量射箭的弓，弓臂上设有弩机。用弩射箭时，是将搭箭、拉弦和射箭分两步进行的。这样，在搭箭、拉弦之后，不必同时进行瞄准，而是先把弦扣住，再从容地进行瞄准，伺机发射，这样，击中猎物的命中率也就高了。另外，扣弦除用手拉，还可用脚踏，或可借助其他机械的力量，这样弦绷得就更紧，箭射得也就更远、力量也更大了。

古代弓弩的箭头，由于时代的不同和用料的不同，有多种名称。新石器时代，箭头是用石片和骨头制成。石片做的称石镞；骨头做的称骨镞。殷商以后出现了青铜，箭头也就改用青铜做了，称为铜镞。之后，又用铁制做，称为铁镞。统称为箭镞或矢镞。

殷商时的铜箭头

箭头的形状像矛头，尖尖的，是从矛头脱胎而来的。最早的矛头和箭头很难区分，只是柄的长短不同而已。因此，当时人们把安长柄的、用于刺杀的称为矛，安半长柄而用来投掷刺扎的称为标枪，而安短柄用来远射的，就称为箭。殷商时，出现了青铜，箭头不仅前面尖，而且做成后面带须的倒刺式。这种箭头射进身体内难以拔出，杀伤力更为厉害。

弓箭和矛一样，刚发明时，是人们用来狩猎和捕鱼的，是一种生活、生产工具，后来才变为战争用的武器。

弓箭变为武器后，为适用于战争，历代军事家对它进行了不断的改进。弓弩除了小型的，还有大型的，如唐代的大型弓弩，有的一次能发射10枝箭，称为“群鸦”。南宋时，有需要几个人同时发射的大弩。弓弩除了发射箭，还发射火箭、火球，焚烧敌方军营。

明代的箭种类更多，有马箭、令箭、球箭、响箭、长杆火箭、步箭、穿耳箭等等；箭头的形状也是五花八门，有圆头的、尖头的、带钩的等等。但这些弓箭在火枪、火炮出现后，也就逐渐退出了战争舞台。

明代神臂床车连城弩

今天，弓箭除在我国少数民族地区还用来狩猎外，已成为增强人民体质的体育器具。而射箭还被列为全国和国际体育运动的比赛项目。

火 药

火药，是一种炸药，容易燃烧。燃烧时，放出大量的气体和热能。在军事上可用做引燃药和发射药，推动火箭和导弹；在农业上，可用来引爆炸药，开山劈石，兴修农田水利。

火药是我国古代四大发明之一。在中国古代，封建皇帝（秦始皇和汉武帝等）为了能长生不老，就命令一些人专门为自己炼制长生不老药，这就是“炼丹”。

炼丹的原料主要是硫黄、硝石和木炭。在炼丹过程中，有人发现：把这三种材料的粉末按一定比例混合，点燃后会产生大量气体和热能，体积急剧膨胀达 1000 倍以上，从而发生爆炸。

军事家们发现后，对它产生了很大的兴趣，称它为火药。由于火药中有木炭，呈黑色，就叫它为“黑色火药”；火药中木炭少的，呈褐色，就叫它为“褐色火药”。褐色火药的爆炸力大于黑色火药。

火药的发明，引起了武器制造上的革命。从此，兵器进入了火器时代，原来的刀、枪、剑、戟（jǐ）逐渐被火枪、火炮所代替。

我国宋代时，有一种抛石机，叫“虎蹲（cún）炮”。它是由一根中部

火药爆炸

固定在可转动的横轴上的长木杆（炮梢）制成的。长木杆一头用绳索连着一个皮袋，里面装上石头“炮弹”（火药发明后，就改装火药包了）；另一头拴上几十根长绳。开炮时，每个士兵各拉一根绳子，把火药包弹射到敌方阵地，借火药包爆炸杀伤敌人。

抛石机的复原图

随着科学的不断发展，人们逐渐熟悉和掌握了火药，并将它不断改进。如今，火药不仅用于军事上，而且广泛地用于采矿、开山、筑路、修渠等生产建设上，为人类造福。

安全炸药

安全炸药，是一种能安全地用于矿山爆破的炸药。爆炸时爆温低，生成有毒气体少，不致引起矿坑内易燃物（如沼气、矿尘等）的爆炸和使人中毒。

安全炸药爆炸

我们中国的火药传到欧洲各国后，欧洲人民不仅制造出了用火药发射的枪支、大炮，而且还用火药来发展生产。到了17世纪，随着工业革命的深入，许多国家迫切要求发展采矿业，加快采掘（jué）进度。而传统的黑色火药爆炸力不强，这就需要有一种威力更大的炸药。

当时，有个意大利人，叫索伯莱罗，发明了一种名叫硝酸甘油的烈性炸药。它的爆炸力比黑色火药大得多，但由于它非常容易爆炸；制造、存放和运输它都很危险，所以不能用它来开矿。

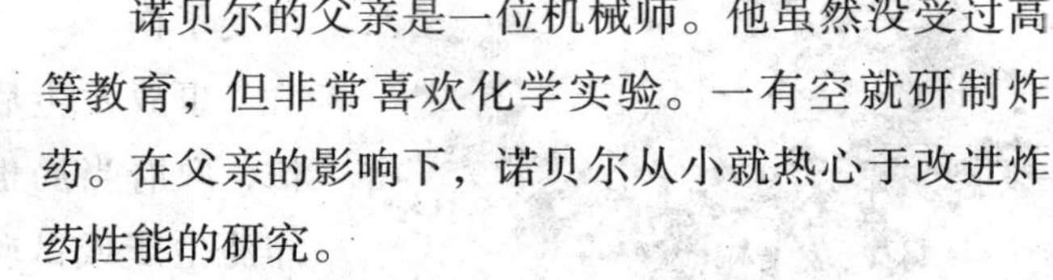

诺贝尔
（1833～1896）

黑色火药爆炸力不够，硝酸甘油炸药容易爆炸。有什么炸药能用来开矿呢？人们这样想，瑞典的化学家阿尔弗雷德·诺贝尔也这样想。

诺贝尔的父亲是一位机械师。他虽然没受过高等教育，但非常喜欢化学实验。一有空就研制炸药。在父亲的影响下，诺贝尔从小就热心于改进炸药性能的研究。

可是，他的父母不让他摆弄炸药，因为搞炸药太危险了。父亲希望他老老实实地当一名机械师。但诺贝尔坚信改进炸药的性能将会给人类创造极大的财富。没有办法，他的父母也只好默许了。

诺贝尔的实验室

到了1862年，诺贝尔逐渐意识到：硝酸甘油是液体，不好控制，容易爆炸。如果把它与固体的黑色火药混合起来，不就便于贮存、控制了吗？

于是，他就按比例将硝酸甘油加入黑色火药里制成混合炸药，爆炸力果然大大增强了。但这种炸药不能长期贮存，放置几小时后，硝酸甘油就全被火药的孔隙所吸收，燃烧速度就减慢了，爆炸力也减弱了。

实验中的诺贝尔

但诺贝尔并不灰心，还是夜以继日地进行试验。一天，他在铁管里面塞上一只装了硝酸甘油的玻璃管，外面塞满了火药。然后，点燃了导火线，把铁管扔进了工厂外的水渠里。“轰”的一声，黑色火药带动硝酸甘油爆炸了。经过这次实验，诺贝尔发明了引爆炸药的雷管。

为了改进雷管的性能，制造性能更好的炸药，诺贝尔进行了一次新的试验。可是，在试验中他忘了看温度表，硝酸甘油在加热后爆炸了。诺贝尔的弟弟当场被炸死，父亲被炸成重伤，成了残废，哥哥和他自己也都受了伤。

诺贝尔被炸伤

事故发生后，周围邻居非常害怕，政府当局也不让他在城里从事炸药生产或试验，但诺贝尔并没有被死亡和困难所吓倒。他买了一条船，把设备搬到船上，停在城外3公里处的马拉伦湖内继续试验。

后来，诺贝尔于1865年5月建造了世界上第一座硝酸甘油工厂。他生产的炸药，受到了国内外采矿业的欢迎。然而，新炸药的性能仍不够稳定，在运输中常因颠簸而引起爆炸事故：美国的一列火车因运输炸药爆炸而成了一堆废铁；“欧罗巴号”海轮也因运输炸药在大西洋被炸而船沉人亡。

诺贝尔在研制安全炸药

一连串的事故，使人们对硝酸甘油非常恐惧，有些国家甚至下令禁运。

因此，不少人劝诺贝尔不要再搞这危险的炸药试验了。但他不达目的誓不罢休，继续试验，一定要使硝酸甘油炸药变得很安全。

说来也巧，有一次，汽车运来了一批硝酸甘油，工人在卸（xiè）车时，不慎把一个罐子打裂了，硝酸甘油流出来，和放在罐子外防震的硅藻土混合成了固体，却没发生爆炸。这给诺贝尔以很大的启发。经过反复试验，他终于制成了运输、使用都很安全的固体炸药。后来，诺贝尔又制成了各种烈性炸药，被人们誉为“炸药工业之父”。

1683 年诺贝尔父子在斯德哥尔摩建立的火药工厂

诺贝尔发明的安全炸药，在开矿、筑路等有益事业方面，为人类做出了巨大贡献。但在战争中，他的炸药也给人类带来了深重的灾难和痛苦。对此他很感痛心。为此，他于 1895 年 11 月 29 日，写了一份遗嘱：从其毕生积累的财产中，拿出大部分财产作为“诺贝尔奖”奖金，奖给那些对人类做出巨大贡献的人。

火　枪

火枪，通常指口径在 20 毫米以下，利用火药气体压力发射弹头的武器。它是由枪管和瞄准、闭锁、供弹、击发、操纵等装置组成。有单管、多管和单发、连发之分。它是现代武器——步枪、冲锋枪、机关枪、手枪等的鼻祖。

宋代突火枪

世界上最早的火枪，是我国南宋军事家陈规发明的。它的原理是在一根长竹竿里装上火药，利用火药燃烧的冲击力，把火喷向敌人，用以烧杀和攻击敌人。

后来，人们对火枪进行了改进，在火药前面装上石子或铁块，称为“子窠（kē）”。子窠是世界上最早的子弹。发射时，利用“子窠”杀伤敌人。这种枪，称为“突火枪”。

突火枪比火枪前进了一步，但它的枪管也是竹子做的，容易被火烧着或炸裂。到了元代，有人改用金属代替竹子，制成了火铳（chòng）。起初用青铜，叫“青铜火铳”；后来改用铸铁，叫“铁火铳”。管子里装填火药，有的还装有球形的铁弹或石球。它是最古老的火枪。

火枪手和火枪绳

到了明代，又制造出了鸟嘴铳（也叫鸟嘴枪），在钢铁枪管的后部装上木制的枪托，枪管长20厘米，子弹是多颗细铁珠，以火药作动力。有效射程可达200步。鸟嘴铳有单管和双管的。它是世界上最早的猎枪。

大约在公元13世纪前后，即唐末宋初年间，我国的火药先后传到了阿拉伯和欧洲各国。

15世纪时，英国人制造出了一种“火绳枪”。这种枪是用一根铁制的短圆筒，末端封死，固定在矛或戟的木托上。铁筒末端有一导火孔，用麻绳作“火绳”。发射时，点燃火绳，通过火孔，燃着火药，气体膨胀产生压力，就将枪弹推出枪筒射向目标。枪弹是一些不规则的沙石粒或铁沙子。

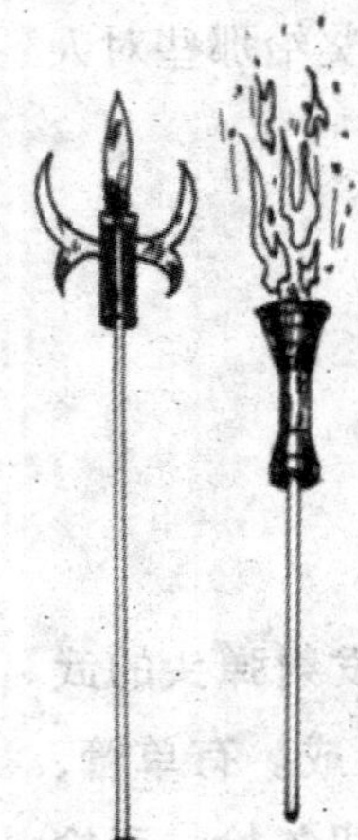
火枪

到了16世纪，在欧洲又出现了一种“燧发枪”。它把一块打火石夹在击锤的夹口内。射击时，先摁动扳机张开击锤，再扣动扳机，使击锤打击打火石，火石发火而点燃火药，这样枪弹也就发射了。这种枪简化了射击过程，同时也不受气候潮湿和下雨天不易点燃的限制；即使在夜间使用，也不容易暴露自己，比“火绳枪”有了很大的进步。

随着时间的推移和战争的需要，古老的火枪逐渐被现代武器——步枪、机关枪、冲锋枪、手枪等所代替。

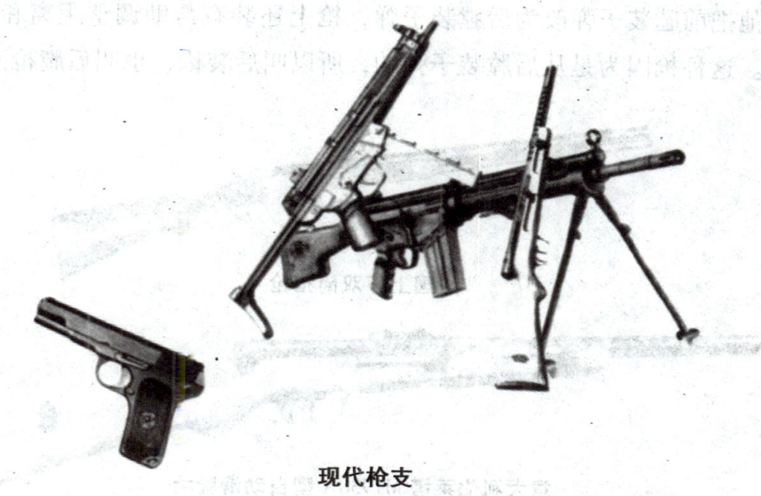

现代枪支

步 枪

步枪，是步兵使用的长管枪。它的种类较多，有单发射击、半自动、全自动等。因枪膛内有来复线，所以统称为来复枪。

来复枪，是奥地利的卡斯帕·科尔纳发明的。以前的枪，枪膛内壁都是光滑的，子弹射出去，受风力的影响，很难击中目标。来复枪的枪膛内壁上刻有螺旋形的沟槽，使子弹射出时旋转飞行，不受风力的影响，射击的准确性和射程也就大大提高了。

中国56式半自动步枪

在15至18世纪的300多年里，步枪子弹都是从前面枪膛里装进去的，所以叫前装枪，也叫前膛枪。

后来，英国的退伍军人帕特里克·弗格森又制造出了一种新式的来复枪。他把前膛装子弹改为后膛装子弹，枪上还装有帮助调整距离和瞄准的标尺。这种枪因为是从后膛装子弹的，所以叫后装枪，也叫后膛枪。

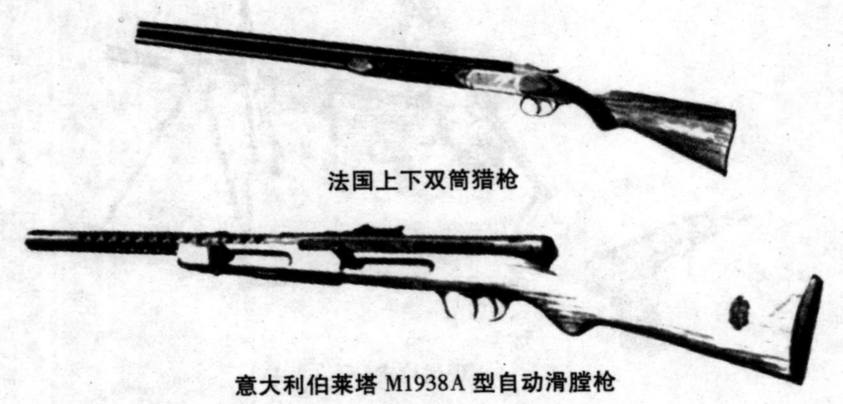

法国上下双筒猎枪

意大利伯莱塔 M1938A 型自动滑膛枪

试枪那天，刮着大风。射手们手持步枪卧倒在地，瞄准了90米以外的一头牛。只听“砰”的一声枪响，那头牛被射中一只眼睛，挣扎了几下，倒下了。来宾们一阵欢呼！从此，这种后膛来复枪被世界各国军队所采用。

公元1860年，美国的一个20多岁的青年，叫克里斯托弗·斯潘塞。他设计制造出了一种连珠枪。这种枪在枪托内装有一个弹簧，可使供弹仓里的子弹一发一发地自动装进枪膛，只要扣动扳机，子弹就能连续向外发射。

连珠枪的问世，还有一段传奇的故事呢。

美国斯普林菲尔得 M14 半自动步枪

一天，斯潘塞把枪拿到华盛顿陆军总部，向军方推荐他的新发明，但军部办公室的军官们根本不听他的介绍。斯潘塞无奈，只好离开办公室。

斯潘塞出门时，遇到了个看门的老头。老头看他的发明有点名堂，就把他领到白宫，拜见了当时的总统兼北军统帅林肯。斯潘塞当场做了表演，连打7发子弹，都命中了目标。1862年12月31日，林肯用连珠枪装备了北军，从而取得了最后胜利。连珠枪为此立下了汗马功劳。

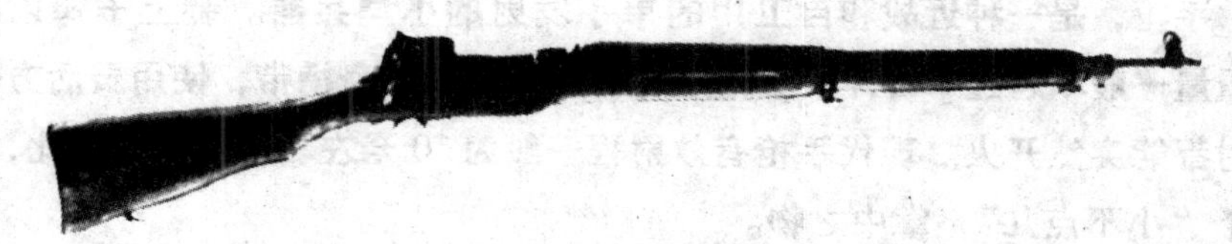

美国M1917型连珠步枪

连珠枪的发明，使步枪向自动化迈出了新的一步。之后，步枪设计经过了一番变革，在第一次世界大战后，就出现了半自动步枪，至第二次世界大战后，又出现了全自动步枪。

半自动步枪，又叫自动装填步枪。射击时利用一部分火药燃气的能量和弹簧的伸张力，完成自动送弹和退壳的任务。但它只有在一发子弹射出后才能自动退壳，并再一次装弹；再发射时，还须松开扳机，重新扣动，才能再次发射。因此，这种半自动步枪，还是单发步枪。每分钟发射子弹为35～40发。

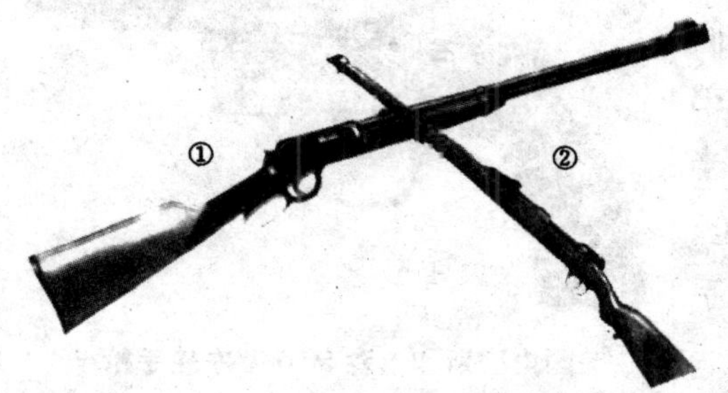

①美国温切斯特9422型小口径步枪
②德国毛瑟M1898型连珠步枪

全自动步枪，简称自动步枪。射击时，它的推弹、闭锁、击发、开锁、退壳等动作，全借助火药燃气的能量和弹簧的伸张力自动完成。因此，只要一次扣住扳机后，不用松手再扣扳机，就能不停地连发射击，直到松开扳机才停止发射。每分钟一般可以连射100余发子弹。有的自动步枪（如美国的M16式自动步枪）每分钟可以连射150～200发子弹。由于自动步枪发射的速度快，许多国家都纷纷研究制造。据统计，现在世界各国使用的步枪有70多种，其中绝大多数是自动步枪。

手 枪

手枪，是一种近战和自卫用的单手发射的小型兵器。装上子弹以后，其重量一般不超过1公斤。手枪短小轻便，便于随身携带，使用灵活方便，随时都能突然开火。现代手枪有效射程一般为50米左右，与步枪相比，它是个“小不点儿”，掌中之物。

手枪的发源地是意大利。

14世纪中叶，在意大利的摩德康纳城出现了一种小型枪，拉丁文叫“希奥皮”，即手枪的意思。这是一种发射石弹的火门手枪。

德国毛瑟HSC型手枪　瑞士自动手枪

手枪的发展过程与步枪的相类似，先后经历了火绳手枪、燧发手枪，再到击发手枪的过程。

击发手枪是在19世纪20年代出现的。之后，手枪经过漫长时间的发展和演变，逐渐形成了“兄弟众多的家族”，如：转轮手枪、半自动手枪、自动手枪、冲锋手枪、隐身手枪、无声手枪、信号手枪等。

美国史密斯和韦森M10型左轮手枪

转轮手枪，是一种非自动手枪。其中以左轮手枪最为有名。它是美国人塞缪尔·柯尔特于1835年发明的。转轮上有5~6个弹槽，子弹装在弹槽里，转轮向左侧旋转时，枪弹便一发一发地对准枪膛，便可随时扣动扳机射击。19世纪末，转轮手枪在世界上很流行，直到20世纪80年代，美国的绝大部分警察仍使用这种手枪。1981年，美国总统里根被刺，凶手钦克利使用的就是左轮手枪。

半自动手枪，又叫自动装填手枪。它能够自动填装子弹，但只能单发射击，即每扣动一下扳机只能射出一发子弹。弹匣多半装在握把内，一般为 8 发子弹。每分钟能射出 25 ~40 发子弹，有效射程为 50 米左右。

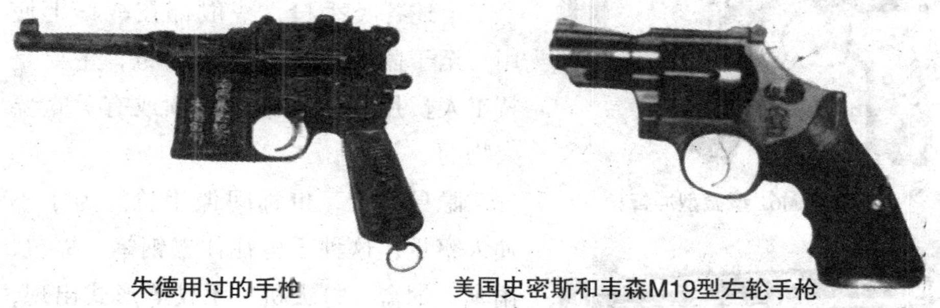

朱德用过的手枪　　美国史密斯和韦森M19型左轮手枪

最早的半自动手枪，是在 1890 年，由美国人雨果 · 博查特发明的。现在常见的“毛瑟 1896 型”半自动手枪，是德国人威廉 · 毛瑟于 1908 年研制成的。这种手枪于本世纪初至 40 年代末大量流入我国，叫法很多，如“盒子炮”、“驳壳枪”、“匣子枪”、“快慢机”等。

比利时 FN 勃朗宁大威力手枪

自动手枪能连发连射。子弹射出后，能自动再次装弹入膛。子弹由弹匣供给。弹匣一般都安在手枪的握把内，装弹为 6 ~20 发。每分钟发射子弹可达 110 发，一般射程为 70 米左右。

世界上第一枝自动手枪，是在第一次世界大战前，由美国人勃朗宁发明的，称为勃朗宁自动手枪。之后，随着勃朗宁对它的不断改进和其他国家的仿造，出现了各式各样的自动手枪。

我国在 19 世纪末开始仿造勃朗宁自动手枪，有效射程为 70 米。

冲锋手枪，是一种全自动手枪，它既有半自动手枪的性能，又兼有冲锋枪连续射击的特点。这种枪出现于第二次世界大战期间。它有一个分离式的枪托，平时与枪体分离，需要冲锋连射时可将它与枪体结合在一起，

捷克 M61 型微型冲锋枪

德国 HKMP5K1 超短型冲锋枪

用肩抵着枪托射击。常用来装备特种部队。

上述各类手枪，一般都在战场上使用。至于隐身手枪和无声手枪，主要是特工人员用来暗杀敌方首领或有关重要人物的。

隐身手枪，也称间谍手枪。为了不使人察觉，这种手枪往往以钢笔、提包、雨伞、烟盒、打火机、手杖等形式出现，具有很强的伪装性。

无声手枪，也称微声手枪。这种手枪主要在手枪的枪管上装有一个套筒，叫“消声筒”。它能消耗一部分枪口喷出的高压气体（声音），从而减弱枪声。这样，关起门来在室内射击时，室外就听不到声音了；同样，在室外射击时，室内也听不到声音。从而达到了暗杀而不被人发觉的目的。

信号手枪，可以用来发射照明弹作为某种信号。部队在相互联系时使用。

①烟盒枪　②打火枪枪
③手杖枪　④钥匙枪

手枪从发明、发展至今，走过了一条漫长的道路，出现了各种各样的手枪。可以预想，在未来手枪的百花园中，还将会出现更多、更新型的手枪呢。

机关枪

机关枪，简称机枪。它是一种带有枪架或枪座并能连续发射的枪。常用来射击地面目标或低空飞机、伞兵等，也可用来压制敌人的火力点。种类很多，常见的有重机枪、轻机枪、轻重两用机枪、高射机枪等。

重机枪，是美国的一位电机工程师海勒姆·马克沁发明的。

中国 67－2 式轻重两用机枪

1881 年，马克沁到法国首都参加巴黎博览会，在与一位朋友闲谈中，扯到了生财之道。那位朋友说："你如果想发财，就去发明一种欧洲人能更有效地互相残杀的东西！"这本是一句笑话，却真的触发了马克沁发明连射枪的念头。

后来，马克沁从美国迁居到英国首都伦敦。在那里，他开始了多射枪的研究。多射枪的关键在于怎样迅速把枪膛里的弹壳退出，不断压上新的子弹。马克沁夜以继日，苦心钻研，经过两年多时间的反复实验，终于在 1883 年制造出了第一支连射枪，称为马克沁重机枪。

苏丹抗英战线中英军使用了机枪

重机枪发明后，英国首先使用。那是 1898 年，在苏丹反抗英国殖民统治的奥图曼战役中，苏丹出动了数万名骑兵，手举战刀，一次又一次发起冲锋。但是，终究抵抗不住英军20挺机枪的扫射，以死伤3万余人而告失败。

1895 年英国皇家的马克沁独立小分队装有马克沁 3031 型机枪

奥图曼战役，使世界各国看到了机关枪的威力。机关枪因此而名声大震。从此，各国都争先恐后地为自己的步兵配备机关枪。

20 世纪初，重机枪在战场上起到了主宰作用。如在第一次世界大战中的 1916 年 7 月，英法联军在法国索姆地区的正面战场上发动了一次大规模进攻，却遭到了德军马克沁机枪的猛烈射击。一天之内，英法联军死伤了 57000 多人，相当于四五个师的兵力。由此可见重机枪威力之大了。

马克沁机枪的威力虽大，可它很笨重，一般都在 50 公斤以上，需要 2~3 个人才能操纵。前苏联的德什卡重机枪，加上枪架全重竟达 153．6 公斤，行动很不灵活。后来丹麦人德森根据重机枪自动发射的原理，于 1903 年造出了较为轻便的轻机枪。之后，世界各国也都制造出了各式轻机枪。在第一次世界大战中，轻、重机枪被称做“战争之神”，它使得数百万人在射击声中丧生。

在机枪家族中，还有一种轻重两用机枪，也叫通用机枪。它既可作为重机枪用，又可作为轻机枪用。关于它的起源，还有一段秘密的历史呢。

第一次世界大战后的德国是战败国，凡尔赛和约规定，德国不得生产重机枪等进攻性的武器。希特勒上台后，积极扩充军备，为了欺骗世界舆论和应付监督，他们绞尽脑汁，设计制造出了 MG34 两用机枪。由于这种机枪同时具有轻、重机枪的优越性，第二次世界大战后，各国纷纷仿制出

仿制的德式 MG34 多用机枪

美军 M2 重机枪

了各式轻重机枪，成为武器家族中的后起之秀。

早在第一次世界大战结束时，在机枪家族中，还出现了一种大口径（12 毫米以上）机枪，这就是高射机枪。高射机枪是 1918 年德国发明的。种类很多，有单管和双管的，还有四管联装的。主要用来防空（打击入侵飞机）和射击装甲车。第一次世界大战后，由于飞机速度不断提高及防弹能力的增强，高射机枪很难发挥它的威力，自然也就逐渐退出了战争舞台，不得不让位于高射炮和地对空导弹了。

冲锋枪

冲锋枪，英文名字的意思是“小机枪”。许多国家又称它为“短机关枪”、“机关卡宾枪”、“手枪式机枪”。我国早期称它为“手提式机枪”。它是一种介于手枪与机枪之间的轻兵器，比步枪短小精悍。主要用于近战和冲锋。能连发射击，装有快慢机的可连发和单发射击。每分钟能连射 100 发子弹。

冲锋枪，是枪械家族中最年轻的，其发展历史仅有 80 个春秋，比起步枪和手枪，是真正的小字辈。

德国 MPS 冲锋枪

在 20 世纪初的第一次世界大战中，步兵的武器主要是步枪和轻、重机枪。非自动步枪需要人工装弹，射速很低，一般每分钟只能射击5~10发子弹；重机枪结构复杂，十分笨重，一旦双方短兵相接，难于进行冲锋和反冲锋；轻机枪虽然用来冲锋，但还是太重。为了适应战场上冲锋与反冲锋的需要，各国都设想能有一种既轻便，射速又快的枪。于是，一种比轻机枪更轻便灵活、火力更迅猛的轻便武器——冲锋枪便应运而生了。

1915年，即第一次世界大战的第二年，意大利人设计制造出了世界上第一枝连发武器——帕洛沙冲锋枪。它有两根枪管，机匣上方有两个弧形弹匣，通常配有两脚架或三脚架，发射手枪子弹。在近距离作战时，火力密集凶猛，但发射力量较小，距离较远时，它就难以发挥作用了。

1918年，德国人雨果·斯曼赛尔成功地设计出了第一支真正实用的冲锋枪，称为伯格曼冲锋枪。之后又经过改进，定名为MP181冲锋枪。这种枪结构简单，加工方便，性能可靠。有效射程200米，近距离火力迅猛，是当时最优秀的冲锋枪。于是，世界各国便纷纷仿制、使用起来。

法国的伯格曼冲锋枪

20世纪30年代，在第二次世界大战中，冲锋枪登台亮相，显示出了它的优越性，成为参战各国的抢手货。很多国家的兵工厂大量生产，军队普遍装备，并不断改进，出现了许多性能好、质量高的各式冲锋枪，形成了第二代冲锋枪。

大战结束后，冲锋枪进入了一个比较稳定的发展时期，各国普遍注重冲锋枪的研究和改进，不断探索和研究新原理、新结构、新材料和新工艺，使冲锋枪的发展呈现出百花齐放的景象，到60年代末，基本上形成了具有时代特色的第三代冲锋枪。

在二战时德国使用的MP40冲锋枪

在50年代朝鲜战争中，我国

使用了“中国50式冲锋枪”，狠狠地打击了美国兵，使他们大吃苦头。美国人给它取了个绰号——博苦枪，意思是小巧冲锋枪。

前苏联波波沙42型冲锋枪

加农炮

加农炮，是一种身管长、射角小（45°以下）、弹道举直低伸的火炮。在各种大炮中，它是射程最远的一种炮。适用于远距离目标作战。用来摧毁敌人配置在纵深地区的火炮、核武器发射阵地，破坏野战防御工事或指挥中心，也可作为海岸炮，摧毁舰船等目标。坦克炮、反坦克炮、高射炮、舰炮、海岸炮等，也都属于加农炮的类型。

16世纪中期，各国火炮已普遍采用身管较短的滑膛榴弹炮来发射球形爆破弹和燃烧弹。这种球形弹多是由装着火药或燃烧物的两个半球形弹体组成的。爆炸时，发出浓烈的黑烟和臭气。后来，为了提高火炮的射速和射程，人们开始制造身管较长的火炮。于是，加农炮就开始出现了。

中国59－1式130毫米加农炮

早期的加农炮，炮管里是光滑的，也就是滑膛炮，发射的是球形炮弹。不久，发明了装药量大的长圆形炮弹。这种炮弹的爆炸力比球形炮弹大得多，但是，炮弹从炮管内发射出去后，却左右摇晃，很不稳定。这样，炮弹的爆炸力虽然大了，但目标的命中率却小了。1846 年，意大利的卡瓦利少校研制成了一门螺旋形线膛炮，炮弹通过一圈圈螺旋线的炮管发射出来后，在空中边旋转边前进，不仅飞行稳定，而且提高了射击精度和射程，充分发挥了加农炮的优势。

中国 83 式 152 毫米自行加农榴弹炮

然而战士们发现：炮弹发射后，炮身却不太稳定。原来，早期的加农炮炮身和炮架是固定连接在一起的。射击时，火药气体的压力通过膛底几乎全部压在炮架上。这样一来，炮架受力大，就使整个大炮发生剧烈的跳动和移动，再次发射时就必须将大炮推回到原来的位置上。不但使用不方便，而且影响发射速度。

到了 19 世纪末，有人发明了弹性炮架，把炮身和炮架分离，用反后坐装置连接，这就大大减小了炮架承受炮身的坐力。射击时，炮身稳定多了，射速和精确度也大大提高了。

加农炮刚问世时，主要是用来对付海上有装甲防护的舰船的。在第一次世界大战中，特别是在第二次世界大战时，随着坦克的大量出现，加农炮又用来打击坦克和轰击敌军前沿纵深的目标，以摧毁敌方的有生力量。

中国30毫米辅助推进加农炮（前视）

中国130毫米辅助推进加农炮 （侧视）

为了使加农炮在战斗中能直接伴随坦克和步兵同敌坦克作战，提高机动性，各国军事部门经过研究，将加农炮进行改装，把炮身直接安装在能旋转的坦克底盘上，这就出现了自行加农炮。这样，在坦克前进的同时，炮身还能自由转动，打击各方来犯的敌人。

现代的加农炮，主要是自行加农炮。

榴弹炮

榴弹炮，是火炮的一种。与加农炮相似，但比加农炮的身管短、初速小、弹道弯曲。最大射角约 70 度，最低射角在 45 度以下，适用于歼灭、压制敌方有生力量和技术兵器，破坏敌方工程设施等。

榴弹炮出世较早。15 世纪时，局部战争频繁，欧洲的德国、意大利等国家，相继研制出了榴弹炮。但这时的火炮没有严格的分类。大约从 16 世纪起，才开始区分榴弹炮和加农炮。

16 世纪中期，英国人发明了一种有许多金属弹子的炮弹。这种炮弹落

日本装备的 M110A2　155 毫米自行榴弹炮

16 世纪英国人发明的炮弹爆炸

捷克 DANA 式 152 毫米自行榴弹炮

地后发生爆炸，弹子、弹片四散，像石榴子一样多，所以被称为“榴弹”，而发射这种炮弹的大炮，就被称为“榴弹炮”。

在前苏联，还有一种介于加农炮和榴弹炮之间的大炮，称为“加农榴弹炮”或“榴弹加农炮”。我国称它为加农榴弹炮，简称为“加榴炮”。西方则很少采用这种分类法，一般只分加农炮和榴弹炮，而把介于二者之间的炮，仍称榴弹炮。

到了 17 世纪，榴弹炮广泛用于野外作战，各国军队将榴弹炮装备于攻城部队和要塞炮兵，成为攻城或防御的重要武器之一。

1789 年，法国莫耶发明了反后坐力的装置，使榴弹炮的发射速度大为提高，成为当时作战使用的高速炮。

在自行加农炮出现后，榴弹炮也被迅速改进，出现了自行榴弹炮，进一步提高了机动性，更好地发挥了它的战斗力。为适应战争需要，在第一次和第二次世界大战中，交战各国都对榴弹炮进行了不断改进，出现了各种类型和口径的榴弹炮，但也正是这些武器使成千上万的士兵和无辜百姓死于炮火之中。

我国从 1925 年开始仿制榴弹炮。1949 年新中国成立后，我国自己设计制造出了各种口径的榴弹炮。

目前，在各国装备的榴弹炮中，主要有牵引式和自行式等几种。

第一次世界大战时的榴弹炮阵地

迫击炮

迫（pǎi）击炮，是一种用座钣承受后坐力、发射尾翼弹的滑膛曲线炮（现代已出现有膛线的迫击炮）。炮身短，结构简单，主要由炮筒、座钣、支架三部分组成。重量轻，运动方便，适用于在各种地形上作战。初速小，射角通常在 45°以上，弹道弯曲，适用于射击遮蔽物后面的目标和水平目标。

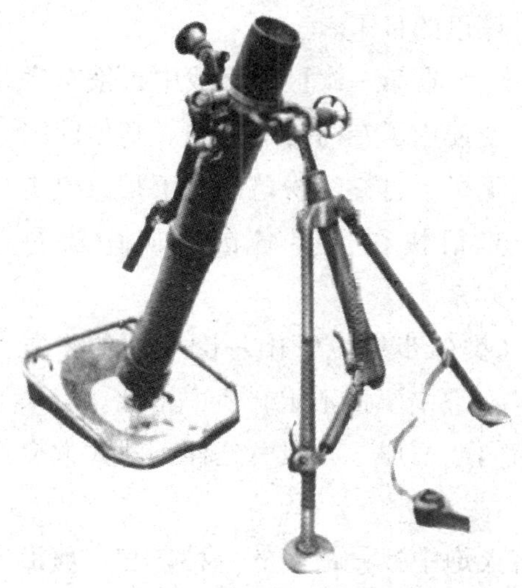

中国 71 式迫击炮

迫击炮诞生于 20 世纪，但早在 14 世纪时，就有了一种类似迫击炮的管形火器，人称“摩得发”。

相传，1342 年，西班牙与阿拉伯打仗。西班牙军队团团围住了阿拉伯军队占领的阿里赫基拉斯城。阿拉伯士兵在城上支起了一根根短铁筒，铁筒前端用两根交叉的木棒当支架，筒口朝向城外。他们在铁筒里装上一包黑色火药，接着放进一个铁球，然后用木棍插入筒内捣实。当西班牙军队攻城时，阿拉伯军队的将领一声令下，士兵们便点燃铁筒上的药捻（niǎn）。顷刻间，只听“轰、轰”一片山响，从铁筒里飞出一团团黑烟，铁球落到西班牙的阵地上，响起了一片爆炸声。西班牙军队大败而回。

这种“摩得发”是早期火绳炮的一种，可称为迫击炮的老祖宗。

1342 年西班牙与阿拉伯战争

世界上真正的迫击炮，是在 20 世纪初的 1904 年日俄战争中，由俄国人发明的。

当时，俄军占领着中国的旅顺口，日军采用挖壕筑垒战术向俄军要塞逼近。当俄军发现时，两军已相距很近，大炮用不上。在这紧要关头，俄军急中生智，将海军用的一种小型炮装在炮架上，以大仰角发射炮弹，有效地杀伤了躲在堑（qiàn）壕里的日军。

日俄战争中，俄军以大仰角发射炮弹有效攻击日军

在第一次世界大战中，俄军广泛使用了专门的迫击炮。其他国家见了，也都纷纷仿制。于是，迫击炮很快在世界各国军队中流行起来。

早期的迫击炮，炮筒里没有膛线（类似步枪枪管中一圈一圈的来复线），叫“滑膛迫击炮”。炮弹出膛后，在空中飘摇不定，命中率低。后来在实战中，人们不断总结经验，在炮筒内壁增加了膛线，这样，就大大提高了命中率。

第二次世界大战中，迫击炮是所有火炮中数量最多的一种，它在前沿部队的作战中，充分发挥了杀伤效能。据统计，在战争中，地面伤亡人数中有 1/2 以上是被迫击炮的炮火击中的。由于迫击炮机动灵活，杀伤力大，所以在二次大战和战后，各国的迫击炮就越做越多。

前面讲到，迫击炮由炮筒、炮座和支架三部分组成。行军时，需要分解成两部分，由两名士兵携带。使用时，一名士兵扶炮瞄准目标，另一名士兵往炮筒里装弹，很不方便。为了进一步减轻重量，提高机动性，美国在越南战争中对迫击炮又进行了改进。他们取消了两脚炮架，采用体积很小的矩形底座钣。这样，行军时，由一名士兵携带就可以了。使用时，射手右腿跪地，左手扶炮，右手装弹，目视测距进行发射。每分钟可发射 15 发炮弹，射程达 3500 米。

美国在越南战争中对迫击炮进行了改进

随着现代局部战争和地区冲突不断发生，迫击炮，特别是美国改进后的无腿迫击炮，已成为各国游击队、突击队、快速反应部队手中的“宠物”。

高射炮

高射炮，是一种由地面或舰艇对空中飞机射击的火炮。炮身长，初速大，射界宽，射速快，射击精确度高。现代高射炮多配有火控系统，能自动跟踪和瞄准飞机。按口径分，有小口径（20～60 毫米）、中口径（60～100 毫米）和大口径（100 毫米以上）三种。

高射炮的老祖宗是“气球炮”。

1870 年，在普法战争中，德国派重兵包围了法国首都巴黎，切断了它与外界的一切联系。为了突破重围，法国内政部长乘坐载人气球飞越德军防线，到达距巴黎 200 多公里的都尔城。这样，外界就可以通过气球不断与巴黎政府取得联系了。德国见此情况，立即研究对策，制造了专门打气

德国 RH202 式双管 20 毫米牵引高射炮

气球炮

1870 年普法战争中的高射炮阵地

球的大炮，追踪射击飘行在空中的气球，因此这种大炮被称为“气球炮”。

20 世纪初，人类先后发明了飞艇和飞机，并用到了军事上。当时的德国军国主义者为了对外侵略，并根据当年法国人乘气球突破他们严密防线的经验，预感到飞艇和飞机日后将会给他们带来威胁，就组织人员研究制造对付飞艇和飞机的专用火炮。

1906 年，德国一家军火公司对原来的“气球炮”进行了改进，研制成功了一种专门射击飞艇和飞机的火炮，发射榴弹和榴散弹。发射初速每秒钟达 572 米，最高射程为 4200 米。这是世界上第一门真正打飞机的高射炮。

两年后，也就是 1908 年，德国又进行研究，将第一门高射炮的炮管加长，从而大大提高了炮弹发射的初速和射程。初速每秒钟为 620 米，最大射程达 5200 米。

1914 年，第一次世界大战爆发后，德国又研制出了口径为 77 毫米的高射炮。炮管装在四轮炮架的炮盘上。这是世界上最早出现的一种结构完整的索引式高射炮。

30 年代中后期和第二次世界大战中，由于飞机提高了飞行速度，原有的一些高射炮就不相适应了，这就迫使高射炮在射程、射高、射速和射击精确度等方面要有相应的提高。于是，在高射炮上出现了计算机、雷达、指挥仪、测距机等先进设备，从而进一步提高了高射炮的战斗力。

第二次世界大战的实践证明，轻便灵活的高射炮，用来对付低空、超低空飞行的飞

安装在坦克上的瑞士阿塔克双管35毫米自行高射炮

机，有着其他武器难以达到的杀伤力。因此，在二次大战后，各国都十分重视高射炮的研究和发展。现在，基本上都采用小口径高射炮，双管联装，火控系统也日益完善。其中，雷达火控系统最为普遍，光电火控系统也越来越多了。

火箭炮

火箭炮，也叫"喀秋莎"、是一种发射火箭弹的火炮。有多轨式和多管式等种类。炮身简单。发射时，火箭弹固定在滑轨或发射筒上，火箭弹点火后，依靠自身喷气发动机的推力向前飞行。火箭炮大都采用多发联装，在短时间内能依次发射数发以至几十发火箭弹。火力猛，威力大，适用于对大面积目标射击，而且机动性强，火箭弹发射后，炮车可随时撤离转移，不易被敌人发现。

中国WM－80式273毫米自行火箭炮

火箭炮，是第二次世界大战时，

由前苏联发明的。

1941 年 7 月 15 日，德国一支军队进犯白俄罗斯的奥尔沙市。下午 2 时许，德军在火车站聚集了大批坦克、装甲车和士兵。士兵们正在吃饭、休息。突然，响起了惊天动地的爆炸声，无数炮弹从四面八方袭来。顿时，德军坦克的炮塔被炸得飞上了天，弹药车中弹后燃起了熊熊大火，并炸毁了周围的车辆和武器装备，炸死炸伤德国士兵不计其数。

这突然袭击是怎么回事呢？原来这正是苏联刚研制成的新式武器——火箭炮在发挥威力。

前苏联在奥尔沙战斗中使用的火箭炮

其实，火箭炮这种武器，早在我国明代就出现了，这就是火箭溜和架火战车。

架火战车装有 6 个火箭发射器（前苏联的火箭炮有 8 条火箭发射导轨，其形状与火箭溜很相似）。但这一发明，没能引起中国当时朝政的重视，没有进一步研究改进，也就没能发展起来。

苏联十月革命时期，火箭专家提出了利用载重车发射多发火箭，经过多次试验，终于研制成功了火箭弹和发射装置。

1939 年 8 月，苏联空军在对日作战时，首次从一架战斗机上向地面目标发射了一枚火箭弹，获得了成功。以后，又进行了地面发射试验。但发射架稳定性差，火箭落地时散布范围太大，火力不集中。后经研究改进，将原来的三联架改为 T 字形发射导轨，并在每根导轨的上、下两层各装 1 发火箭弹，8 根导轨并列在一起，装在可以转动的支架上。发射架改为纵向设置，炮手从车尾装上弹药后，火箭弹飞越驾驶舱顶部，16 发火箭弹在 8 ~ 10 秒内即可发射完毕，最大射程可达 8500 米。这

意大利菲洛斯 25/30 式自行火箭炮

就是前苏联在奥尔沙战斗中使用的火箭炮。

在前苏联火箭炮的炮架上有个“K”字，这本来是火箭炮生产厂家“共产国际”兵工厂的代号，而红军战士却联想到了俄罗斯民间流传的能歌善舞的漂亮姑娘“喀秋莎”的名字，便亲切地把火箭炮叫做“喀秋莎”。

二战时前苏联的喀秋莎火箭炮

“喀秋莎”是个漂亮的名字，但德国士兵却非常害怕它，一听到这个名字，常常吓得魂飞魄散。从此，“喀秋莎”火箭炮在世界上名声大震。

火　箭

火箭，是依靠火箭发动机推进的飞行器，自身携带全部燃料。能在没有大气的空间飞行。可用来探测高层大气，发射人造地球卫星、宇宙飞船，军事上用作火箭武器等。

发射中的火箭

火箭，最早出现在我们中国。1000多年前，宋代军队里有个谋士叫唐福，他在竹筒上钻了一个小孔，把火药塞进竹筒里，用引火管上的火硝引爆火药，使它产生高温、高压气体，从竹筒后面的小孔喷射出来，从而推动竹筒射击敌人。这是世界上最早的火箭。

到了元代和明代，除了竹筒火箭，还出现了名叫“神火飞鸦”、“火龙出水”、“飞空沙筒”等各种各样的火箭。

“神火飞鸦”火箭，是在竹篓（lǒu）中装上火药，外面糊上棉纸，然后在竹篓上装上乌鸦样的头、

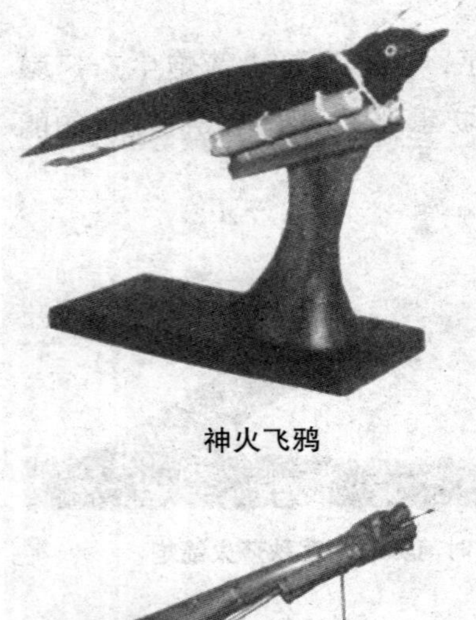

神火飞鸦

火龙出水

尾和翅膀，每个翅膀下面装两个大起火，联通背上的引火线。能飞行 300 多米，烧毁敌方的营垒。

“火龙出水”火箭，是一种简单的两级火箭。在一根 5 尺长的毛竹筒上，装上木制的龙头龙尾。龙身下边一前一后装两个大火箭，龙肚内也装有几枚火箭。发射时，离水面三四尺。由大火箭作动力，推送到敌方。大火箭烧完时，引燃龙肚内的火箭来攻击敌方目标。

“飞空沙筒”火箭，是一种可以返回的火箭。它以薄竹片为身，外面绑两个起火，一个喷口向前（返回起火）；一个喷口向后（前进起火）。头部装一爆竹沙筒，里面装有沙药。发射时，将它放在竹子作的滑筒内，点燃前进起火，到达敌方引爆沙药杀伤敌兵，然后接着点燃返回起火，退回本营。目的是不让火箭落在敌人阵地，起到保密作用。

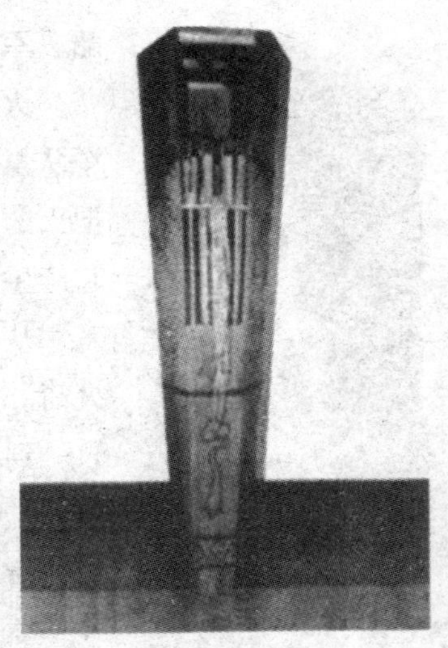

一窝蜂火箭

还有一种“密集火箭”，它可以同时施放多枚火箭。其中有一次能放 10 枚火箭的，叫“火弩流星箭”；一次能放 20 枚火箭的，叫“火龙箭”；一次能放 30 枚火箭的，叫“长蛇破阵箭”；一次能放 32 枚火箭的，叫“一窝蜂火箭”；一次能放 100 枚火箭的，叫“百虎齐奔箭”，等等。

随着对外商业的发展，我们中国的火箭先后传到了阿拉伯和印度等国家。他们把它用到军事上，在打击侵略者的战斗中，发挥了巨大的威力，沉重地打击了敌人。

本世纪初，美国的物理学家罗伯特·戈

戈达德和第一枚流体火箭

达德，对火箭做了系统的研究。他经过10年的苦心钻研，于1926年3月16日在一片开阔地上，竖起了人类第一枚高3米多的液体燃料火箭。

火箭要发射了。戈达德下令："点火!"顿时，火箭尾部喷射出一股耀眼的火光，浓烟迅速包围了火箭。紧接着，火箭在震耳的巨响声中迅速向上爬升。直到燃料烧完，发动机停止了工作，火箭才坠落下来。人们欢呼着："成功了！火箭发射成功了!"

戈达德在进行火箭试飞实验

火箭发射成功后，戈达德又不断进行试验，试图进一步改进火箭的性能。但是，美国政府对他的研究不感兴趣，因此，他的研究成果在美国并没有引起人们的重视。

就在戈达德研究火箭的同时，德国的一批科学家和工程师也在从事相同的研究。一些业余火箭爱好者于1927年成立了德国宇宙航行协会。德国政府很重视，秘密指令炮兵指挥官多恩伯格博士负责这项工作。

多恩伯格负责火箭的研制工作后，为了尽快研究出成果，他一方面积极依靠军队的力量，一方面又从宇宙航空协会中吸收了一些对火箭用于军事感兴趣、愿为德国陆军服务的人参加研究工作。

多恩伯格研究火箭的进展很快。1936年6月的一天，德国陆军和空军的一些将领，一起来到一个名叫乌泽多姆的小岛，在佩内明德的渔村，建立了一个火箭试验基地，对火箭开始了秘密的研制工作。

戈达德和他的助手将实验的火箭安装在实验塔上

二战时德国 V－2 火箭

两年后，即 1938 年，他们设计制造出了一种全新的液体燃料火箭“复仇——2”。经过两次试验都未成功。接着进行了第 3 次试验。火箭升空，几秒钟后，火箭坠落到乌泽多姆岛东北的 180 公里处，试验成功了。这是世界上第一枚现代化火箭。

第一枚现代化火箭发射成功后，希特勒下令用其装备部队。德军于 1944 年 9 月 8 日傍晚，向英国首都伦敦发射了一批火箭。

现在，世界各大强国都有了自己的现代化火箭，而且，一般都用来发射人造地球卫星、宇宙飞船，为研究自然科学和人类文明服务了。

原子弹

原子弹，是核武器的一种。主要由核燃料（铀 233°、铀 256°、钚 239°等）、引爆装置、中子源、反射层和外壳组成。在中子的作用下，发生猛烈的爆炸，具有巨大的杀伤力。

1945 年 8 月 6 日上午 8 点，日本广岛上空，突然飞来了 3 架美国 B—29 轰炸机。9 点 61 秒，飞机投下了一枚炸弹。随着一声震耳欲聋（lóng）的爆炸声，一个巨大的蘑菇状烟云向空中升起。顿时，广岛市化作一片火海。3 天后，美国的第 2 颗炸弹，又把长崎（qí）市化为火海。美国在日本广岛、长崎投的是什么炸弹？怎么

1944 年美国 B－29 轰炸机向日本进行猛烈轰炸

投在日本广岛的原子弹“小男孩”

这样厉害呢？这就是原子弹。

原子弹是美国研制出来的，而有关原子弹的原理，早在 19 世纪末就由居里夫妇等人首先提出来了。

原子弹在日本长崎爆炸燃起的大火

1938 年，英国从德国得到情报：德国法西斯正在秘密研制原子弹。谁都知道，第二次世界大战的发生，德国法西斯是罪魁（zuìkuí）祸首，他若将原子弹研制成功，就将给世界人民带来不堪设想的灾难。

怎样才能阻止德国研制原子弹呢？当时，制造原子弹必需的铀，只有比利时的殖民地刚果（今扎伊尔）才有。为了阻止德国研制原子弹，英国政府便秘密派遣了一位科学家到刚果，设法不让德国人得到铀。

刚果铀矿的经营人桑吉埃，是个比利时人，担任非洲联合矿业公司董事长。他听从了英国科学家的劝说，表示愿与英国合作，不把铀供应给德国。

二战的头号战犯希特勒

这时，一大批逃往美国的德国科学家，生怕德国首先研制出原子弹。并且担心，希特勒很可能会用它来毁灭世界。于是，他们推举物理学家爱因斯坦给美国总统罗斯福写信，建议美国研制原子弹。

爱因斯坦
(1879~1955)

信写好后，由核物理学家利奥·西拉德找到美国总统的科学顾问亚历山大·萨克斯，请他将信转交给罗斯福总统。

罗斯福默默地看完信，没有马上表明自己的态度。几天后，他才同意科学家们的建议，决定全力研制原子弹，并责成格罗夫斯将军，在美国陆军部成立了一个机构，取名为“曼哈顿”工程管理处。

格罗夫斯将军接受任务后，立即调集人员，并将哥伦比亚大学正在建造原子反应堆的科学家小组调到芝加哥，参加原子弹的研制工作。

就在美国加快研制原子弹的同时，德国也在加紧研制原子弹。德国占领挪（nuò）威后，在一家重水工厂大量生产重水。重水是制造原子反应堆的一种必需原料。

英美两国知道后，为了破坏德国法西斯的计划，英国派出了一支突击队，于1943年2月17日乘坐滑翔机，飞到挪威上空重水厂附近降落。

美国总统罗斯福

重水厂建在一座高山的山崖上。突击队员降落后，冒着狂风暴雪，攀着悬（xuán）崖峭壁上的灌木丛，爬上了300米高的山崖。

队员们在山崖上找到了一个通往重水厂的管道，就顺着管道潜到工厂，摸到重水车间。他们把几十块炸药贴在贮存重水的桶上，然后点燃了导火索，迅速撤离了。

突然，“轰！轰！”几声巨响，重水桶被炸裂了，车间也被炸塌了，水流满地，火光冲天，重水车间被毁了。德国法西斯断了重水的来源，原子弹的研制工作不得不暂时停了下来。

英国突击队爬上了300米高的山崖

两年后，美国制造的原子弹于1945年7月16日在美国新墨西哥州的阿拉摩哥尔多沙漠试爆成功。当时，德国法西斯在西线战场被击败投降，只有日本法西斯还在东线战场负隅顽抗。于是美国总统杜鲁门下令向日本广岛、长崎投掷原子弹。

战后，超级大国对核武器的研制、生产发展得很快。1949年，前苏联就研制成功了原子弹；1952年，美国研制成功了杀伤力比原子弹大1000多倍的氢弹；接着，于1963年，又研制成功了中子弹。

现在，我们中国也研制成功了具有世界先进水平的核武器，但是，我们中国人民是爱好和平的人民。我国政府在联合国大会上一再提出：不让历史的悲剧重演。为了世界和平，禁止使用核武器。并向世界人民保证：在任何情况下，中国决不首先使用核武器。

美国在太平洋中的小岛上引爆的氢弹

坦　克

坦克，是装有武器和旋转炮塔的履带式装甲战斗车。具有火力、机动力和装甲防护力，是矛和盾合而为一的武器。

很久以来，军事家们希望能够有一种既能攻又能防的武器，以便在战场上克敌制胜。因此，有许许多多的能工巧匠都为能制造出这样的武器而绞（jiǎo）尽脑汁，但这个愿望一直没能实现。直到第一次世界大战期间，才由英国首先制造出了矛和盾相结合的，能攻能防的坦克。

中国 83 试 105 毫米坦克炮

大战开始后，以德国等国为一方的“同盟国”和以英国等国为另一方的“协约国”相比，德方的力量比英方强。德方的壕堑纵横，碉堡（diāobǎo）林立，铁丝网密布，每次进攻，英方都遭受到惨重的伤亡和损失。

中国 80 式主战坦克

德国与英国的战争

当时，丘吉尔担任英国海军大臣，心中万分焦急。他日夜思考，坐立不安，心想：能不能制造出一种既能攻又能防的武器？

不久，丘吉尔想出了一个办法，秘密地成立了一个“创制陆地巡洋舰委员会”，指派斯温顿上校负责，制造出一种要像海上巡洋舰一样，有强大的火力装备、具有坚不可摧的铁甲、能灵活运动的武器。

“委员会”接受任务后，就按照巡洋舰的模样，设计了一种新式武器的图纸：全长 30 米、宽 24 米、高达 4 层楼房，全重超过 1200 吨，3 个车轮直径 12 米、安装 2 门大炮，带炮弹 300 发，机枪 12 挺，子弹 6 万发……

英海军制造局局长和丘吉尔

图纸设计完后，送到海军制造局局长那儿。局长仔细看了一遍，说：“把它拿回去！”丘吉尔知道后，来问局长：“为什么？”局长是个行家，他说：“按那设计制造，4 层楼高的陆地巡洋舰，只要被一、两发炮弹打中，便会坍毁了。”丘吉尔听了，连连点头称是。

当时，英军在战场上损失惨重。委员会深感责任重大，就重新设计。他们夜以继日地工作，两个月后，设计出了新的图样。经海军制造局批准后，立即交机械制造厂试制。

不久，一个怪物从工厂里钻了出来。它像一个斜方形的铁盒，长 8.1

1916 年英军首次使用的坦克

米，宽 4．2 米，高 3．2 米。铁盒两边绕着两条金属履带，使铁盒自由运行。盒内可乘 8 人，备有火炮、机枪等武器。为了保密，取名为水柜（水柜的英语为 tank，汉语译音为“坦克”），这就是世界上第一辆坦克。

坦克出厂后，给英国政府的官员们作了表演。它竟能从 1 米多宽的壕沟里爬起来，而且还能在原地回转。大家看后，大为惊喜：“好！好！”坦克马上投入了成批生产。

二战时德国虎式 IV 型坦克

1916 年 9 月 15 日是一个硝烟弥漫的早晨。正当英德双方士兵互相对射的时候，突然，从英国阵地上蹿出来一群怪物。它们身挂钢甲，机声“隆隆”地向德军阵地慢慢爬去……英国的坦克上阵了。但德军士兵从未见到过，都停下手中武器，惊讶地审视着。

突然，德军士兵惊慌起来，赶忙报告指挥官。指挥官也没有见过这种怪物。正在德军疑惑不解的时候，怪物已逼到德军的前方阵地，指挥官才慌忙下令向怪物开火。

一时间，德军的机枪和步枪向怪物猛射过去。但是，所有的子弹都从钢甲上滑落下来，怪物毫无损伤，依然向德军阵地爬来。宽大的履带压垮铁丝网，越过堑壕，把德军的防御工事大片大片地冲毁了。

德军指挥官大声命令：“坚决阻击，不许后退！”可是士兵们仍然胆怯

德军的防御工事被冲毁

地退缩一团，纷纷躲进战壕。谁知坦克两侧的火炮、机枪猛力扫射，仅在几秒钟内就击毙100余人，来不及逃跑的被履带压成了肉酱。

英军的坦克越战越猛，用它那高大的身躯挡住敌方士兵射来的子弹，掩护着跟在它后面的士兵向前冲杀。德军节节败退。英军趁机一路追击，占领了德军纵横5公里的阵地，取得了胜利！

坦克首战获胜，名声大震，世界各国纷纷研究并仿制。到第一次世界大战结束前，几乎所有的国家都有了坦克。在第二次世界大战中，坦克更成了战争的常备武器，而且也已变得更现代化了。

战斗机

战斗机，旧称“驱逐机”，也叫“歼击机”。是一种在空中歼灭敌机和其他空袭兵器的飞机。多为单座，装一台或两台大推力喷气发动机，备有机关枪、机关炮和火箭或导弹等武器。有的还装有雷达、红外线瞄准具和各种自动化电子设备。机身体积小，速度快，爬高迅速，操纵灵便，能在广阔的低空飞行。

中国的歼－Ⅱ战斗机

1914年6月，第一次世界大战爆发。10月，法国在一架“瓦赞”双翼飞机上装上了机枪，并打落了德国一架“阿维亚蒂克”双翼侦察机。这是世界上有飞机以来，第一次真正的空战。

在法国飞机击落德国飞机后，

1914 年英国第一种装有前射机枪的战斗机

许多国家都预感到飞机在战争中的重要作用，都纷纷用飞机武装军队。首先是美国陆军请莱特兄弟到军中表演飞行技术；接着，英国成立了皇家海军航空部；继而是法国和德国等国家也都不甘落后，纷纷给步兵配备飞机。

但是，当时的飞机，都是双翼飞机，头上都有螺旋桨。机枪朝前射击时，很容易打到螺旋桨叶上。法国飞行员加罗斯在飞机桨叶上加了一种偏导板，用来挡住子弹，使桨叶不被射坏。

福克 EⅢ战斗机

1915 年，这架飞机出了故障，掉落到德军的阵地上。德军把这飞机运到柏林，正在德国的荷兰设计师看到加罗斯的改进后，很受启发，研制出了一种协调装置，把它装在一架“福克 E”型的单翼飞机上，使子弹正好在螺旋桨叶的空里穿过。从此出现了真正能在空中作战的飞机——战斗机。

美国 F－104“星”式战斗机

现代的战斗机，不论是机型结构、速度、武器装备，还是监测仪器等等，都是很先进、完备的，而早期的战斗机则不是这样，一切都是很原始、很简陋的。战斗机从早期发展到今天这个样子，是在实际使用中，经过不断改革才完成的。

首先，早期的战斗机都是双翼的，个别还有三翼的，机身结构多是由强度较差的木材、层板和亚麻布制作的。阻力大，升力差。为了降低阻力、提高速度、增强机体，1932 年 12 月，美国试制成功了一种金属结构的双座单翼机 YIP—25，飞行速度达到了 397 千米/小时。从此，各国纷纷仿制，单翼机得到了广泛使用，飞行性能得到了迅速提高。

F－4“鬼怪”式战斗机

在机载仪器设备中，最重要的是机载雷达的问世。所谓“雷达”，就是利用无线电波对目标进行探测和定位。1936 年 6 月，英国研制出了第一部试验型雷达，它能探测到 27 千米以外的飞机。之后进行改进，探测距离达到 88 千米。1940 年 7 月 23 日凌晨，英国飞行员阿什菲尔德和雷达操纵员驾驶一架“布伦海姆”飞机，借助雷达发现目标，成功地击落了一架德国轰炸机。这在战斗机的发展史上写下了新的一页。

30 年代，机载武器也有了重大发展。先是将机头上的机关枪移装到了机身两侧和机翼上，这就避免了枪弹射击到飞机自身的螺旋桨叶上。枪炮的数量也大大增加。1937 年，英国“斗士”战斗机装有 4 挺勃朗宁机枪；“飓风”和“喷火”战斗机则装有 8 挺机枪。德国的“Bf－109”战斗机，机翼上装有 2 门机关炮，机身上装有 2 挺机枪。当时，这样的机载武器，威力是相当大了。

米格－21 战斗机

第二次世界大战期间，活塞式战斗机的飞行速度达到了700千米/小时，航程达2000千米以上，达到了高峰，但总是无法超过音速。要超过音速，活塞式发动机和螺旋桨就显得无能为力了。为了使战斗机的飞行速度超过音速，喷气式飞机就脱颖而出了。1953年3月，美国首先试飞成功了一架安装着涡轮喷气式发动机的超音速战斗机—F－100”战斗机，在战斗机的舞台上拉开了新的帷幕。

喷气战斗机问世至今，已发展到了第四代。在这发展过程中，经历了多次更新换代，出现了各式各样的新的机型。

美F－15“鹰式”战斗机

第一代：最大飞行速度为0.9～1.3马赫（航空上把音速的倍数称为马赫，比如1.3马赫就是音速的1.3倍）；采用后掠机翼；挂装航炮或空空导弹；装光学机电式瞄准具、雷达等。代表机型有：美国的F－86、F－100和前苏联的米格－15、米格－19等。

第二代：最大飞行速度为2～2.5马赫；装三角翼或变后掠翼；挂第二代空空导弹或航炮；装第二代雷达；有的飞机还装备有拦射能力的火控系统。代表机型有：法国的“幻影”Ⅲ、美国的14和F－4、前苏联的米格－21和米格－23。

米格－29战斗机

第三代：最大飞行速度为2马赫左右；突出了中低空、亚音速机动性，采用先进的气动布局，机翼载荷低，飞机的推重比较高；普遍采用涡轮风扇发动机；挂装中距和近距空空导弹、速射航炮；装有全方向、全高度、全天候火控系统的第三代雷达。代表机型有：美国的F－15和F－16、前苏联的米格－29和苏－27、法国的“幻

美 F－22 战斗机

影”2000 等。

第四代：具有超音速巡航能力，高机动性和敏捷性，良好的隐身性能，超视距作战能力和全环境作战能力、远程作战能力和短距起落能力、高可靠性和良好的维护性能等。其代表机型为美国的 F－22 等。

强击机

强击机，旧称“攻击机”、“冲击机”，是一种从低空、超低空对地面及水上目标进行攻击的飞机。带有机关枪、机关炮，火箭、炸弹、导弹等武器，可飞临敌军后方的地面兵站、军事据点、指挥机构、交通枢纽、仓库等目标进行轰炸和扫射；在战场上空，直接配合地面作战，轰炸和扫射敌方的地面部队、火力点、坦克及装甲车等活动目标；在海上，轰炸、扫射舰船、海军基地等，支援海军登陆作战。

世界上最早发明强击机的是德国。第一架机名叫 JJ“容克”式攻击机。1915 年 12 月首次试飞，1918 年正式投入作战使用。

前苏联 25 强击

该机全部用铝合金制造，座舱周围装有 5 毫米厚的钢板，装备有内腹（juān）机枪，并带有集束手榴弹和手抛轻型炸弹。

到了 20 年代中、后期，美、苏等国家纷纷将侦察机改装，发展攻击机。当时著名的有美国的 A－3，前苏联的 P－2 等。

第二次世界大战中，攻击机显示出了特有的威力。前苏联的伊尔－2，是二次大战期间使用最广泛的攻击机，异常凶猛，德国士兵称它为“黑死神”。

1943 年 7 月 7 日，苏、德双方在库尔斯克会战中，伊尔－2 型攻击机对德军的“虎”式坦克群进行了 20 分钟的攻击，击毁坦克 70 辆；对另一群坦克进行了两个小时的轮番攻击，竟击毁坦克 270 多辆，取得了辉煌的战果。从此，攻击机更是名声大震。

伊尔－2 型攻击机对德军的“虎”式坦克进行攻击

第二次世界大战后，随着现代科学的发展和战争实践经验的总结，强击机有了进一步的提高，世界各国出现了各式新的机型和新的装备，著名的如：美国的“天鹰”和“雷电”，前苏联的“装配匠”和“蛙足”，英国的“掠夺者”和“美洲虎”等等。

“美洲虎”攻击机

轰炸机

轰炸机，是一种从空中对地面及水上目标实施轰炸的飞机。机身一般都很庞大，形体粗壮，通常装有 2～4 台发动机。按照重量级别，可分为轻型、中型和重型三种。都携带有炸弹、鱼雷、导弹和核武器等。为了保证轰炸作战任务的顺利完成，机上还装有轰炸瞄准仪器，以及防御性武器。

轰炸机，最早出现于第一次世界大战。

第一次世界大战初，一些国家在战争中使用飞机进行了轰炸，但当时还没有发明专门用来扔炸弹的轰炸机，而那些参与投弹的飞机可以说是五花八门。因此，还算不上是真正的轰炸机。

美国B－52“同温层堡垒式”战略轰炸机

随着战争的需要，在第一次世界大战末，俄、英、德、意等国才相继研制出了第一批轰炸机。至大战结束，参战各国基本上都有了轰炸机，而且机型也有了轻、重之分。飞行时速已接近200千米，升高5000～7000米，载弹量达2吨。

二战时日本偷袭珍珠港，美军战舰燃起冲天大火

由于轰炸机在战场上发挥了它的威力，起到了前所未有的作用，引起了世界各国的重视。第一次世界大战后，各国都更加紧了对轰炸机的研制。原来的双翼机改成为单翼机；木布结构改成了金属结构；飞机的战斗力也有了明显的提高。至第二次世界大战前夕，轰炸机的最大飞行时速已达600余千米，航程最大可达6000千米，载弹量增加至3～10吨。

在第二次世界大战期间，轰炸机发挥了巨大作用，显示出了它的无比威力，执行了几次著名的大轰炸。

1941年12月7日，日本轰炸机偷袭美国海军基地珍珠港。结果炸沉、炸伤8艘战列舰、10多艘巡洋舰和驱逐舰。260架飞机被击毁，伤亡官兵

二战后期美B－29轰炸机

达4575人。使美国太平洋舰队一蹶不振，丧失作战能力长达半年之久。

1945年2月13日和14日，盟军对德国东部重镇德累斯顿市实施卷地毯式轰炸，将该市炸成一片废墟，伤亡人数达13万5千人之多。

1945年8月6日，美国B－20“超级空中堡垒”轰炸机将一颗绰号“小男孩”的原子弹投到了日本广岛市上空，全市被毁，居民死伤70%。三天后，B－29轰炸机又在长崎投了一颗原子弹。促使日本无条件投降，第二次世界大战宣告结束。

至今，第二次世界大战已过去50多年了，那些曾在战争中显赫一时，使人胆战心惊的老式轰炸机也早已不存在了，但世界各国又研制出了比以前更新、更凶猛的轰炸机。

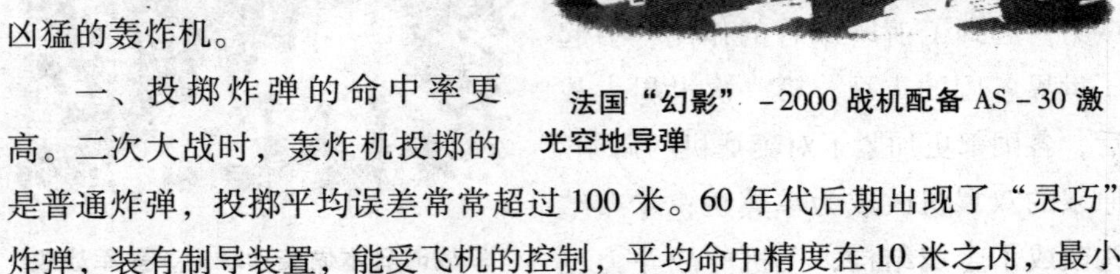

法国“幻影”－2000战机配备AS－30激光空地导弹

一、投掷炸弹的命中率更高。二次大战时，轰炸机投掷的是普通炸弹，投掷平均误差常常超过100米。60年代后期出现了“灵巧”炸弹，装有制导装置，能受飞机的控制，平均命中精度在10米之内，最小的仅有3～4米，大大提高了命中率。

二、普遍使用空对地导弹。现在空对地导弹的射程在8～700千米，最远可达1200千米，而且可以自动跟踪目标。这样，轰炸机就不必到目标上空去投弹，老远就可发弹攻击，飞机自身也更安全了。

川崎98式轰炸机

三、普遍装有电子设备。二战时，轰炸机上还没有光电监视设备，如今都装上了。它能使飞行员在黑夜也能清楚地看到广阔范围内的地形地物。还能低飞，穿过防空网，深入到敌后方去轰炸。而且飞机上还装有多种多样的电子干扰设备，干扰对方的雷达，使飞机自身不被敌方雷达发现。

另外，现代轰炸机的性能也有了很大提高，可以飞得更快、更高，机动性也更好，载弹量也更大了。

武装直升机

武装直升机，是从普通直升机发展来的。它是一种专门设计的，用于对地攻击和空战的直升机。它是直升机家族中的“战斗机”，带有机枪、机关炮、火箭、导弹等武器，参与地面战斗，还可用于运输、机降、救护等。

直升机是在本世纪初出现的。1907 年 9 月，法国工程师布雷和里歇合作研制出了一架直升机，但仅能飞离地面 30 厘米，而且震动特别厉害，很难操纵。虽然没能成功，但它在直升机的发展史上是一个起点。

这样，到了 1937 年，德国教授福克研制成功了一架 FW61 双旋翼直升机，它以 68 千米的时速从柏林飞到伦敦。从此，世界上能实际使用的直升机才真正诞生了。两年后，美籍俄罗斯工程师西科斯基又研制出了 VS－300 直升机。这架直升机的造型和用途与现代的直升机基本相同，因此，西科斯基被称为“直升机之父”。

装备有 AH－IC“眼镜蛇”武装直升机的日本陆上自卫队

直升机被发明后，一直作为民用飞机，而作为军用的武装直升机则是在本世纪 60 年代，由美国兴起的。

当时，在越南战争中，美国陆军急需一种直升机给运输直升机护航和提供火力支援。于是，便对 UH－1“黑鹰”小型运输直升机进行改装，在机身两侧加装了火箭发射器和航炮，派往战场。这样，武装直升机也就诞生了。

UH－60“黑鹰”式直升机

但是，改装后的“黑鹰”飞行速度太慢，载弹量太小，很不实用。为了适应战争的需要，美国陆军决定研制战场专用的直升机。1967 年，美国贝尔公司研制出了贝尔 209 武装直升机，军方定名为 AH－1C“眼镜蛇”。该机为流线型直机身，宽不到 1 米，最大平飞速度为每小时 277 千米，最大航程达 570 余千米，并参加了越南战争。1982 年，该种武装直升机在以色列与黎巴嫩的战争中，又充当“杀手”；1991 年的海湾战争中，它又披挂上阵，为美军效劳。

美国“眼镜蛇”在战争中出了名，引起了各国对武装直升机的重视，也相继研制出了一批武装直升机，其中最为著名的是前苏联的米格－24，绰号“雌鹿”。它在两伊战争中，曾与美国“眼镜蛇”多次交锋，胜负难分。

前苏联米格－28 武装直升机

前苏联米格－24“雌鹿”攻击直升机

“眼镜蛇”和“雌鹿”都采用气动对称翼，活塞式发动机、铝蒙皮和桁条等结构材料，采用无线电通信、商业导航设备，仪表比较简单，是第一代武装直升机的代表。

现在，武装直升机又有了很大的发展，各国相继研制了第二代武装直升机。诸如美国的 AH－129“猫鼬”、南非的 CSH－2“茶隼”、俄罗斯的米格－28“浩劫”，以及英法联合研制的“山猫”等。不仅飞速快，仪表仪器都很精良，都携带有火箭、导弹等先进武器，具有强大的作战能力。

现代军种、现代战争的重要特征之一是大量装备和使用直升机。据 80 年代末期的统计，世界上军用直升机约有 38000 架。其中美国最多，拥有近 1 万架，约占其军用飞机的 1/3。其他国家也都不甘落后，正加紧研制，装备部队。这些都充分表明直升机在战争中是何等重要了。

航空母舰

航空母舰，是以载运飞机为主要武器，并作为飞机活动基地的大型军舰。设有机库、升降机、飞行甲板、飞机弹器等设施。一般可运载飞机几十至百余架。能远离海岸作战。

世界上最早提出研制航空母舰，用军舰携（xié）带飞机的人，是法国的克来门特·艾德尔。1909 年他在其出版的《军事飞行》一书中，对航空母舰的设计，作了详细的讲述。但是，法国政府和军队都没有重视他的设想。

美国“中途岛”号航空母舰

第二年，即 1910 年，美国海军部得到一条消息：德国为了加快邮件的投递速度，准备从航行在汉堡到纽约的邮船上，起飞一架携带邮件的飞机，直飞美国的纽约市。

美国小鹰级航空母舰

美国海军部的官员们怀疑：这是德国军事当局以邮政投递为掩护，试验一种向美国发起攻击的新技术。于是决定在军舰上进行同样的试验，并指派海军上校钱伯斯负责这项工作。

当时，从来还没有人驾着飞机从军舰上起飞过。钱伯斯找了好多人，

演员——尤金·伊利驾着飞机从军舰上起飞实验

但谁也不敢来冒险驾机飞行。最后，他找到了飞行技术过硬的杂技演员——尤金·伊利。他满口答应，愿为海军部的试验出力。

试飞这天，天下着蒙蒙细雨。改装后的“伯明翰号”轻巡洋舰，载着伊利的飞机驶出工厂的船坞（wù），向预定海洋地点航行，沿途有4艘驱逐舰为它护航、送行。

试飞开始了，伊利登上了停在舰船起飞平台上的飞机。舰上发出了起飞信号。伊利的飞机很快冲出了25.3米长的跑道。但飞机没有爬升，而是向着海面跌落，螺旋桨打在海面上，激起了一阵浪花。船上的人都紧张地涌到船边。

伊利驾机从巡洋舰上起飞成功了

但就在这时，飞机突然升高了。它越升越高，离军舰也越来越远，最后，消失在茫茫的雨雾之中了。“成功了！”舰上的人不禁欢呼起来。“伯明翰号”成了世界上第一艘航空母舰。

接着，钱伯斯上校又改装了重型巡洋舰“宾夕法尼亚号”，在它的尾部安装了长达36米、宽9.6米的平台，并进行飞机降落试验，获得了成功。然后，伊利马上又驾机起飞，返回启程时的机场。这次试验表明，飞机完全可在同一艘军舰上起飞和降落。

邓宁少校改装的“暴怒号”舰船

美国海军部试验成功的消息，引

起了英国极大的兴趣，海军大臣温斯顿·丘吉尔亲自过问，任邓宁少校为指挥官，将一艘“暴怒号”军舰改装成航空母舰，并配备了 8 架战斗机，成立了一支英国皇家海军航空兵部队。

邓宁少校改装的“暴怒号”舰船，飞行甲板长 69. 5 米。1917 年 6 月 22 日，他亲自驾机试飞，但在降落的时候，飞机降落在跑道中部，幸好一群地勤人员冲过去，拉住机翼后缘上的套环，一起用力向后拉，才使飞机慢慢地停了下来。

5 天后，邓宁少校决定再次试飞。这天，海面刮着风，他以熟练的技术完成了第一次试飞。休息后，他又再次试飞，在回头降落时，飞机引擎突然灭火，飞机滑出了跑道，一头栽进了海里。当人们把邓宁救上来的时候，他已经被淹死了。

于是，英国海军部成立了调查组。调查结果，不仅弄清了邓宁飞机失事原因，还为今后制造航空母舰提供了经验：航空母舰跑道不能太短，必须有 90 米长的降落甲板，才能保证安全。

美国“尼米兹”级核动力航空母舰（1975～1995）

航空母舰真正参加作战，是在第二次世界大战中，并发挥了巨大威力。因此，战后许多国家对航空母舰的生产十分重视。现在世界上最大的航空母舰是美国的“尼米兹号”核动力航空母舰，总长 332. 9 米，飞行甲板宽 76. 8 米，相当于 3 个足球场的面积呢。

驱逐舰

驱逐舰，是军舰中用途最大的舰种。它能在海上执行多种任务。

号称“海上多面手”。现在，许多国家海军中都拥有这种舰种。它在各国的海军中拥有重要地位。

美国“斯普鲁恩斯”级导弹驱逐舰

驱逐舰是一种历史悠久的舰船。它的发明得从水雷说起。19 世纪 60 年代，美国南北战争时，出现了撑杆水雷。所谓撑杆水雷，是在小艇的头部装有一根长杆，杆端装上炸药，把它伸到水中。当小艇靠近敌舰，撑杆水雷上的炸药撞到敌舰上，就会发生爆炸，从而把敌舰炸毁，打击敌人。这种备有撑杆水雷的小艇，称为水雷艇。

在美国南北战争以后，又出现了另一种水雷艇。在艇的尾部拖着浮在水面上的炸药包，叫“拖带雷”。水雷艇围着敌方舰船绕行，利用水流力量把炸药包向敌舰推进，撞击敌舰引起爆炸。但是，不论是“撑杆水雷”，还是“拖带雷”，都不能主动地攻击敌舰，而且作用距离有限。于是，有人在琢磨：如何能在较远的距离，从水下攻击敌舰呢？

1868 年，在奥匈帝国工作的一位英国工程师，制造出了世界上第一条能够自行推进的鱼雷。为了更好地发挥鱼雷的威力，他把它安装在小艇上，这就诞生了鱼雷艇。鱼雷利用鱼雷艇甲板上的鱼雷发射管发射。鱼雷艇体积小，速度快，所以战斗威力大，能给对方大型战舰以沉重的打击。

为了对付鱼雷艇对大型战斗舰艇的威胁，1880 年以后，一种新型战舰出现了。这种新型战舰比鱼雷艇大，舰上装有多门大炮，同时装有鱼雷发射管，能发射鱼雷，以密集的炮火，阻拦敌方的鱼雷艇，不让它靠近自己方面的战艇。这种战舰的排水量，一般为400～1500吨，以蒸汽机为动力，它便是驱逐舰的前身，叫鱼雷炮舰。

奥匈帝国制造的世界 第一条自行推进的鱼雷

由于鱼雷炮舰的排水量大，航速慢，机动性差，在实际战斗中作用不大。于是，不少国家对它进行改革。1893年，英国最早制造出了“汉科克”号和“霍（huó）纳脱”号两艘舰船。它们的排水量较小，只有240吨。舰上装有4门火炮和3座鱼雷发射管，速度达到27节，是当时最快的军舰，取名为驱逐舰。后来，各国海军纷纷仿制，有的也叫“驱击舰”，但有的则叫“雷击舰”等等。虽然称呼不同，但驱逐舰作为一种新的舰种，就这样出现在海战舞台上了。

前苏联“卡辛”级导弹驱逐舰（1963）

美国二战中的驱逐舰

护卫舰

护卫舰，是护航舰艇的简称。它是专门用来护卫战斗舰艇，为海上运输船队护航以及在港口、基地巡逻、警戒的一种战斗舰艇。舰艇分为两种类型：执行护航任务的就叫护卫舰；执行反潜任务的叫猎潜舰。

护卫舰，是在本世纪初的日俄战争中，俄国首先制造的。当时，日本舰艇曾多次闯入旅顺口，对停泊在港湾内的俄国战舰进行鱼雷、炮火袭

美国“奥利弗·哈泽德·佩里”级导弹护卫舰

击，并布放水雷，用沉船来堵塞港口，限制俄国舰队的行动。

日本舰艇对旅顺口军港的多次袭击，使俄国军方意识到：海上军事行动，需要有专门的警戒、护卫舰艇。于是，就用驱逐舰和民船进行改装，来执行对军港的警戒和护卫任务。

日本舰艇闯入旅顺口

这样，经过一段时间的实际使用发现：虽然驱逐舰航速高，但用它来对基地和港湾进行巡逻、警戒和防卫不经济；而改装的民用船，技术性能差。于是，就专门建造了一种新的战舰，来执行基地和港湾的巡逻和护卫任务。这样就出现了护卫舰。最初的护卫舰，排水量小，航速也低，火力弱，只适合在近海活动。

第一次世界大战中，德国在海洋上进行潜艇战，击沉了协约国的大批舰船。战争告诉人们，不仅港口、基地需要护卫舰，海上战争也需要护卫舰的巡逻和警卫。但各国海军对护卫舰的建造、发展并未十分重视。

美国大力级护卫舰第Ⅱ型第2艘“坎伯兰”号

第二次世界大战中的1942年，一支由35艘舰船组成的英国运输船队，由英国开往前苏联北方港口。为了保证航运安全，英国派出11艘护卫舰直接警戒，外围还有6艘驱逐舰护卫，巡洋舰也在附近掩护。尽管这样，还是未能逃脱德国潜艇的袭击，英国损失了24艘运输船，受到了严重的打击。此事也引起了各国政府的高度重视。

血的教训告诉人们，海上运输船队，也需要护卫舰护航。为适应战争需要，各国开始大量建造或改装护卫舰了。仅英国、美国、法国、德国和意大利五国建造的护卫舰就达 1800 艘之多。在二次大战后期的海战中，发挥了巨大的威力。

澳大利亚“雅拉”级护卫舰

二战时英国的运输船队遭到德军潜艇的袭击

鉴于护卫舰在二次大战中的巨大作用，大战后，护卫舰发展很快，各个国家发展的方向也不同。美国主要用它来为海上运输舰船护航，保护两栖舰艇渡海和登陆作战；英国主要用它来为两栖登陆舰艇和运输舰艇护卫；法国主要用于海上航行警戒；……在武器装备上，除了常规武器，还装有防空导弹、对舰导弹、反潜导弹，还有反潜直升机，这就大大地加强了护卫舰的对空防御能力和反潜能力。

潜水艇

潜水艇，简称潜艇，是一种在海洋水中进行侦察、袭击敌方舰船、摧毁陆上目标的军舰。它用海水注入或排出水柜的方法，使潜艇下沉和上浮。按其所带武器，有导弹潜水艇和鱼雷潜水艇两种。

很早以前，人们看到鱼儿在水中自由自在地游动，就想：我们人能不能像鱼儿一样，潜到水下去自由地活动呢？

2000 多年前的一天，罗马国王亚历山大好奇心大发，命令工匠制造一个能沉入海底的大玻璃筒，自己坐到里面，观看水底的生物和奇景。

法国“拉伐尔号”潜艇（1900）

后来，即 1578 年，英国有个数学家，叫威廉·布纳，在他写的一本叫《发明与设计》的书里，设计了一种能在水下航行的船：用木头做支架，外面蒙上不透水的皮革，摇动船里的摇把，使船体变大或缩小，沉下或浮上。但这只是一种设想。

传说马其顿国王亚历山大曾用玻璃桶在水里航行，攻陷泰尔城

这样，又过了 300 多年，到了 1715 年，荷兰的物理学家德雷贝尔，改进了布纳的设计，制造出了世界上第一条潜水船：在木架船体外蒙一层牛皮，船内装有羊皮水囊，当皮囊灌满了水，船就下沉，把皮囊内的水挤压出去，船就上浮到水面。

法国“塞克福号”潜艇（1934）

德雷贝尔的潜水船，引起了许多英国人的兴趣，在一段时间里，出现了各种各样的潜水船。但这些船只能用来做水下娱乐，不能用来打仗。

在美英战争（美国独立战争）时，美国制造出了一艘能载一个人的潜水艇，名叫“海龟号”。1776 年的一天深夜，潜艇带着一包炸药，偷偷潜向英国军舰“鹰号”。

“海龟号”潜艇靠手摇螺旋桨前进和上下潜行

当“海龟号”靠近英国军舰“鹰号”时，“海龟号”士兵没有办法把炸药包放到“鹰号”军舰上。这样，他们只好把炸药包放在军舰旁边的水面上，而当潜艇离开敌舰时，炸药包也被海浪冲得远离了军舰，没能炸着英国军舰。

18世纪90年代，美国画家富尔顿吸取了“海龟号”失败的经验教训，研究出了一艘潜水艇。他打报告给法国政府说，如果法国海军能采用他研制的潜水艇，将会消灭英国海军而成为海上霸王。但法国政府没有采纳他的报告。

“霍兰6号”潜艇使用了内燃机

富尔顿没有办法，就只好自己动手。他在巴黎举办了一次画展，然后用卖画的钱制造了一艘潜水艇，取名叫“鹦鹉螺号”。

试航这天，富尔顿请来了法国海军大臣和一些著名的科学家。他亲自驾驶潜艇，慢慢地沉入水中，45分钟后，又冒出水面。人们欢呼：“成功了!”事后，法国政府终于同意请他研制潜水艇，为法国军队服务。

1800年9月的一天，富尔顿和另外两人驾驶着“鹦鹉螺号”，奉命去进攻停泊在海港里的两艘英国军舰。不料，走到半路时，潮水突然改变了方向，挟着潜艇往相反方向漂去。富尔顿只好抛锚停船。等到潮水改回方向时，英国军舰早已不知去向了。

之后，富尔顿又接连几次驾驶潜艇去袭击英国军舰，然而也都没有成功。法国国王拿破仑很失望。不久，富尔顿的研制工作被宣布停止了。

几十年后，即1834年，俄国工程师希尔德对富尔顿的潜艇进行了改

世界上第一艘核动力潜艇——美国的“鹦鹉螺号”

进，制造出了一艘新型的潜水艇。艇上安上了潜望镜，可在水下瞭望到海面上的情景。但由于水雷不能自行前进，所以只有在潜艇自身靠近敌舰时才能发射水雷。因此，在一次战斗中，潜艇与敌舰同归于尽了。

三艘英国军舰葬身海底

后来，也就是1866年，英国一个叫怀特黑德的公司经理，发明了一种新型水雷。它可以自行前进。这样，潜艇在远离敌舰时，即可发射水雷，让水雷自行前进，冲向敌舰，而自己的潜艇再也不会被伤害了。

30年后，即1896年，美国工程师霍（huó）兰又研制出了用汽油发动机作动力的潜水艇，并配备上了“怀特黑德水雷”。从此，潜水艇的发展又跨前了一大步，更完备、更有实战价值了。

中国弹道导弹核潜艇

较为著名的战役如：第一次世界大战中的一个清晨，在荷兰附近的海面上，德国的一艘潜水艇通过潜望镜，发现三艘英国军舰从远处开来，就发出一枚又一枚水雷，接着浮出水面，对着英国军舰猛烈开火。击沉三艘英国军舰。

潜水艇的发明和使用，在海战中发挥了巨大威力，引起了世界各国的重视。如今，不但有常规潜水艇，而且在50年代后，不少国家又出现了核潜艇。过去，我国什么潜艇都没有，1970年，我国制造出了“长征一号”核潜艇，成为世界上第五个有核潜艇的国家。

雷 达

雷达，是一种利用无线电波发现目标和测定其位置的设备。通常，天线不断旋转，搜索空间的目标。当波束碰到物体时，其中一小部分电波就反射回来，又被原天线收到，这样就发现目标了。雷达主要用于侦察、警戒、导航、跟踪、瞄准、制导和地形测量、气象探测等方面。

雷达是在第二次世界大战前夕英国发明的。大战前夕，英国政府设想：要想发现空中的飞机，除用肉眼观察和耳朵听以外，如能有一种可以提前发现敌机（德国）入侵的方法，那将更利于克敌制胜。于是，把这任务交给了沃森·瓦特。

沃森·瓦特是刚上任的皇家无线电研究所所长。他接到任务后，立即组织了一个特别小组，在欧洲和美国一些国家试制探测飞机雷达的基础上，全力以赴地投入了紧张的工作，开始了新的研制。

不久，雷达制造出来了，但经过调试，一直找不到飞行中的飞机目标。沃森·瓦特和他的同事对仪器设备又做了些改进，并由他亲自

中国三坐标雷达

操作调试。一天，他在荧光屏上看到了一连串的亮点[illegible]，他以为眼睛在荧光屏上看的时间长了，眼睛发花，可再仔细一看，亮点确实存在。这些是什么东西呢？

沃森·瓦特亲自调试设备

沃森·瓦特立即派人调查：试验室周围是否有人在使用电器一类的东西？调查人员回来报告，雷达工作时，周围根本没有人使用过电器之类的东西。真奇怪！沃森·瓦特最后想到：莫非这些亮点是某种物体反射回来的无线电波信号？

二战时的“本土链”警戒雷达

沃森·瓦特是个工作认真细致的人，他对任何疑问、现象都是从不放过的。于是，他对这一奇怪现象，进行了一系列的实验。最后终于发现，荧光屏上出现的亮点，原来是雷达工作时发射出去的电波，遇到附近一幢高楼时反射回来的无线电回波信号。

但是，沃森·瓦特并不因此而满足，而是联想到另一个问题：既然高楼大厦能反射电波，并在荧光屏上显示出图像，那么，正在空中飞行的飞机是不是也能在荧光屏上被观测到呢？于是，沃森·瓦特把研究试验转入了实用试验。他把雷达的全部仪器装到载重汽车上，让飞机从15公里外起

船上雷达

飞。结果，发射的电波碰到飞机后便立即迅速返回地面，被接收装置所接收。工作小组的人员蹦跳起来，高兴地欢呼着："成功了！成功了！"就这样，世界上第一部雷达诞生了。

沃森·瓦特的雷达试验成功后，英国首相立即拨出巨款，在英伦岛东部和南部的海岸上建立了雷达站。

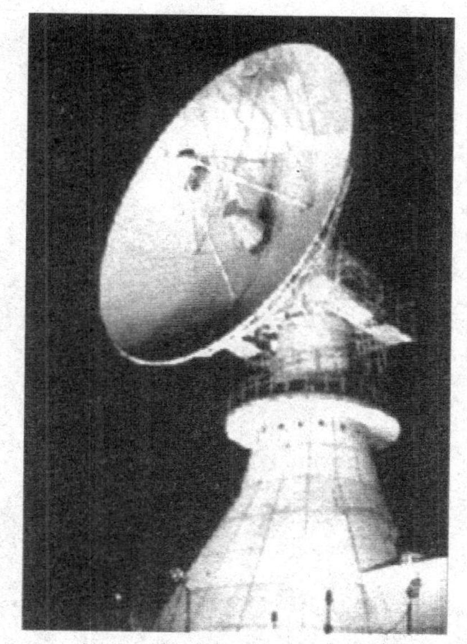

中国航天跟踪雷达

1939 年 9 月，第二次世界大战全面爆发了。当德国轰炸机远在 80 公里外的海面上空向英国本土飞来时，英国雷达站早已把这些敌机的架数、航向、航速和抵达英国领空的时间，十分准确地观测出来了，不少敌机还没有来得及飞入英国领空就被英国皇家空军战斗机击落在大西洋里了。

第二次世界大战后，由于超音速飞机和远程导弹的迅速发展，为了对付这些高速目标，后来又研制出了天线不动而用波束扫描的相控阵雷达。60 年代后，又出现了激光雷达，使雷达的探测距离和精密度又有了大幅度提高，用途也更加广泛。

大型地面跟踪雷达

机电设备

蒸汽机

蒸汽机，是一种利用蒸汽在汽缸内的膨胀力，推动活塞做往复运动，使机器做功的机器。主要用在轮船和机车（火车头）上。现在已逐渐被内燃机和汽轮机等代替。

过去有人说，瓦特烧开水，看到蒸汽顶开壶盖，使壶盖不断掀动，他受到了启发，于是便发明了蒸汽机。

1890 年制的蒸汽机

其实，这只是个传说，因为在瓦特以前，人们已经发明了蒸汽机，他只是在别人发明的基础上对它加以改进提高，并用到了手工业生产上。但这也很不容易，他花费了十几年的艰苦劳动呢！

瓦特
（1736～1819）

瓦特是英国人，小时家里很穷，没有办法到学校里读书，就在家自学。他很用功，6 岁时，开始学几何，后来学物理，到了 15 岁的时候，就学完了《物理学原理》等书。

瓦特不仅读书用功，还很喜欢自己动手制造各种机械。他曾经制造和修理过起重机、唧筒、滑车和一些航海器械。所以，他从小就对机械产生了浓厚的兴趣。

瓦特 17 岁时，就去当学徒，跟人学习修理机器，19 岁时，到伦敦一家钟表店当学徒。他心灵手巧，手艺高超，被格拉斯哥大学附属的

瓦特从小对机械产生了浓厚的兴趣

瓦特学习修理机器

瓦特第一次接触蒸汽机

教学仪器厂聘请去当仪器修理工。

1763 年，学校里一台教学用的纽可门蒸汽机出了故障，请瓦特去修理。这是他第一次接触蒸汽机。当时，他身体不大好，但他仍然是夜以继日地工作。经过精心修理和调试，机器终于被修好并重新工作了。

在修理中，瓦特发现这台机器的缺点很多，而主要的是效率不高。于是他决心制造一台新型的蒸汽机。他花了 6 年的时间，终于制造成功了，效率比纽可门蒸汽机提高了 5 倍。

1774 年瓦特制造的第一台蒸汽机

由于瓦特的蒸汽机质量好，效率高，所以被纷纷采用。在后来短短的 7 年时间里，瓦特制造了 40 台蒸汽机。

初步的成功，并没有使瓦特满足。开始，他制造的蒸汽机是单缸的，后来，改制成为双缸的，效率越来越高。但他还不满足，之后又设计制造成功了旋转式蒸汽机。

蒸汽机的发明，点燃了工业革命的导

19 世纪 80 年代中国装配的蒸汽机车

火线，从此，机器大工业生产逐渐取代了手工业生产，整个世界发生了空前的巨变。

机车总装车间

瓦特于 1736 年出生，1819 年逝世，终年 83 岁。他的一生告诉我们：在科学的征途上，只有不断艰苦地攀登，才会有所发现，有所发明，有所前进！

煤气机和汽油机

煤气机和汽油机，是煤气发动机和汽油发动机的简称。因为它们是用燃料直接在发动机汽缸内燃烧而产生动力的热力发动机。所以都属内燃

机。煤气机和汽油机烧的燃料分别是煤气和汽油，所以就叫它们为煤气机和汽油机。它们主要应用于汽车、拖拉机、机车、船舶、发电以及工农业生产等方面。

汽油发动机

瓦特发明蒸汽机后，人们继续寻找更先进的发动机。1860 年，法国机械师勒努瓦首先制造了一台煤气发动机。这台煤气发动机和蒸汽机不一样。蒸汽机要在汽缸外面安上锅炉，而它只需把煤气充进汽缸，然后让煤气在里面直接燃烧就行了。这无疑比蒸汽机又前进了一大步。

勒努瓦（1822～1900）和他发明的煤气发动机

勒努瓦的煤气发动机发明后，德国有个年轻的推销员叫奥托，他对勒努瓦的发明很感兴趣，但他发现这种煤气发动机太浪费煤气，发动时震动也太大。于是，他对勒努瓦的煤气发动机进行了改进，制造出了一台既省煤气，震动又较小的新式煤气发动机。

奥托的新式煤气发动机制造出来后，为朋友们做了表演，引起了不少人的兴趣，一位机械师主动提出和他合开一家发动机厂。这样，于 1864 年，在德国科伦出现了世界上第一家内燃机工厂。

奥托（1832～1891）

但奥托办的所谓内燃机厂，当时仅有 6 个人。不过，由于内燃机比蒸汽机先进得多，所以工厂一开工，马上就有不少厂家来联系订货，工厂生意很不错，因此，很快由工厂发展成为公司。为了进一步提高煤气发动机的功能，奥托又请来了对煤气发动机很有研究的戴姆勒工程师。

戴姆勒在奥托公司干了10年，他为奥托完成了几项煤气发动机的改进。不过，在这过程中，戴姆勒逐渐萌发了制造新式发动机的想法。于是，他离开了奥托的公司，自己开办了一家工厂，开始了他制造新式发动机的研究。

奥托的第一部发动机

戴姆勒为了不使别人知道自己的秘密，他和负责新发动机研究的技术人员关在一间屋里，在深夜搞试验。有时候，叮叮当当的装配声和轰轰隆隆的机器声一直响到天亮，弄得左邻右舍都不得安宁。

戴姆勒

一天清早，工厂里来了两个警察，说要找戴姆勒。工人们不知怎么回事，赶忙跑去把刚刚睡下的戴姆勒叫起来。警察见了，说是要检查工厂。戴姆勒不好问什么，就领着他们到处转悠。他们来到一间锁着门的房间时，警察叫打开门。这是戴姆勒的秘密车间。没有办法，戴姆勒只好把门打开了。

戴姆勒制成世界上第一辆汽油发动机脚踏车

警察进屋一看，除了屋子中央放着一台谁也没见过的机器外，其他什么也没有。警察失望地指着机器问："这是什么？"戴姆勒说："这是我们

内燃机

正在研究制造的一台用汽油作燃料的发动机。”警察临走时，戴姆勒问他一早来工厂到底为什么？警察笑着说：“有人告你半夜三更在厂里制作伪金币。”

1885 年秋天的一天，戴姆勒把一台小型的汽油发动机装在了木制的自行车上。他启动机器，跨上车子，随着“突突”的机器声，自行车立刻开动了。戴姆勒骑着车，高兴地在院子里转了一圈又一圈，工人们蹦跳着，欢呼着：“成功啦！成功啦！”

早期使用汽油的汽车

戴姆勒发明汽油发动机后，又有人发明了柴油发动机和喷气发动机。

汽轮机

汽轮机，也叫“蒸汽透平”。它是涡轮机的一种。它也是以蒸汽为动力，但与活塞式蒸汽机不同，它是由蒸汽直接驱动叶轮旋转的蒸汽动力装置。转速高，功率大，是现代大型火力发电厂、原子能发电厂和大型船舶上最主要的原动机。

工业汽轮机

汽轮机是怎样发明的呢？早在1629年，意大利科学家布兰卡就设计了一个汽轮机的模型。他用喷嘴中喷出的蒸汽流，吹动一个叶轮转动，这就像古代人们利用风力来吹动风车与水车转动一样。

然而，布兰卡设计的汽轮机原理不仅很简单，而且它的发明也落在了瓦特式蒸汽机和内燃机的后面。

为什么呢？因为当时还没有能适应汽轮机高速旋转的强度很高的材料。同时，制造技术也达不到要求。因此，布兰卡没能把汽轮机制造出来。

拉瓦尔（1845～1912）和他发明的冲压式涡轮机

直到1882年，瑞典工程师拉瓦尔才设计出了一种能使蒸汽以超音速的速度冲出喷管的装置，并解决了汽轮机的强度设计问题，使叶轮在高速运转中保持稳定。同时他还设计了一台与汽轮机配套的高压锅炉。这样拉瓦尔制造出了一台单级冲动式、功率达5马力（3．67千瓦）的汽轮机。

那时候，各国的科学发明信息是互不沟通的。尽管是两位科学家对一项发明同时研究成功，但谁先申请到发明专利权，谁就是这项发明的发明

20 万千瓦电站汽轮机组

家。就在拉瓦尔制造成汽轮机的同时，英国帕森斯也创制出了实用的汽轮机。但由于他没有及时申请专利，汽轮机的发明权就落到了拉瓦尔名下。

但是，帕森斯并没有气馁，而是继续努力，刻苦钻研，对他已创制出来的单级冲动式汽轮机作了进一步改进。这样，经过两年时间，于 1884 年，他终于又制造出了世界上第一台多级冲动式汽轮机。功率比原先的增加了 2 倍，达到了 10 马力（7.35 千瓦）。

世界第一艘涡轮机船“突比尼亚号”模型

任何科学发明的发展都是无止境的。20 世纪初，法国工程师拉托和瑞士工程师佐莱，又分别设计制造出了多级冲动式汽轮机。从此，汽轮机的设计与制造走上了迅速发展的道路。它被广泛应用到了大型发电厂，带动发电机发电，也应用到了大型航船上，推动螺旋桨，驱使船舶漂洋过海。

燃气轮机

汽轮机，也叫“燃气透平”。它是以燃气作为动力的一种发动机。工作原理和构造都类似汽轮机。当高温和较高压力的燃气流过喷嘴和叶轮的

叶片的流道时，推动叶轮旋转，带动机轴发出功率，驱动机器运转。现在主要用于舰艇、坦克、机车和飞机上。

现代涡轮喷气发动机

在春节、元宵节晚上，人们为庆祝节日，都要张灯结彩。其中，有一种走马灯，灯上画着花鸟、山水、人物等。当蜡烛一点燃，灯上的画就会转动起来，非常有趣。

走马灯为什么会转呢？

原来，灯的上方有一个类似风车一样的叶轮。蜡烛点燃时，热空气向上流动，推动叶轮转起来，叶轮又带动了图画旋转，走马灯上的画就活动起来了。

现代涡轮风扇发动机

现在，我们再回过头来说燃气轮机。燃气轮机的工作原理基本上与走马灯的相同。燃气轮机是在20世纪20年代末期才研制成功的，而走马灯在中国南宋高宗年代就出现了，这时候大约是12世纪中叶。因此，可以说中国的走马灯还是燃气轮机的老祖宗呢。

不过话还得说回来，虽然走马灯与燃气轮机的基本原理相同，但毕竟灯具与机器还是不一样的。发明燃气轮机的工作是极为艰难的。从18世纪末到20世纪初，欧洲的一些工程师致力于燃气轮机的研制工作，但都因达不到实用要求而纷纷失败了。

燃气轮机电站

这样，直到1920年，德国工程师霍尔茨瓦特终于制成了第一台实用的燃气轮机，功率达到了370千瓦。但因为它有许多先天不足的重大缺点，最后还是被人们放置不用了。

燃气轮机的研制工作为啥

这样困难，不能成功呢？各国科学家和工程技术人员都苦苦思索着。他们研究了往复式蒸汽机、电动机、内燃机、汽轮机、燃气轮机的发明历史，总结成功与失败的经验，终于得出了一个结论：随着科学技术的逐步发展与深入，重大发明越来越需要科学理论的指导。事实证明，上面所提到的几种机器的研究成功，都不是仅仅依靠巧妙的构思和高超的技艺，而是首先解决了理论问题，在正确理论的指导下完成的。

煤灰粉碎装置

燃气轮机，也是一项重大发明，当然也必须有赖于理论上的指导。

于是，各国科学家、工程技术人员致力于理论的研究和探索。随着空气动力学的发展，燃气轮机加热循环的问题得到了解决；后来，铬镍合金钢等耐高热材料的研制也获得了成功，从而为燃气轮机的研制工作奠定了坚实的基础。

发电厂的涡轮机室

1930 年，瑞士终于研制成功了 4 兆瓦发电用的燃气轮机。同年，德国研制成功了涡轮喷气发动机，用于飞机上，从而世界上出现了喷气式飞机。

由于实用的燃气轮机具有机体较小、转速快、效率高等优点，所以从 40 年代开始，它被广泛用于发电、工业、军事、交通运输等方面。可以设想，在不久的将来，性能更优异的燃气轮机将给人们的生活带来更大的方便。

锯 床

锯床，是切割木材、钢材或割出沟槽机床的统称。木工锯床，常用的有带锯、圆盘锯和条锯作为刃具；金属切削锯床常见的有圆锯床、弓锯床和带锯床等。工作时，条锯或圆盘锯作往复或旋转的切削运动，锯断木材或钢材。

20 英寸细木工带锯机

我国古代鲁班发明锯以后，几千年来，人们断木割料一直使用手工锯。建造房屋、打制家具，木工们先把大的圆木锯断、破开，然后再锯成各种形状，最后再用斧子和刨子修整。到了 17～18 世纪，机器的制造，也都是木制的，比如历史上很有名的蒸汽机，也主要是由木匠制造的。木匠的工作是很辛苦的，工作量很大，于是，有人开始研究，想发明一种锯木头的机器。

1663 年，在英国伦敦郊区，有个荷兰人研制出了一台锯木头的机床。他把锯条安装在锯架上，用脚踏飞轮转动，锯条往返运动，锯起木头来，比人工快了许多。然而，当这台锯床一出现，却遭到了工匠们的反对。原来，工匠们一是守旧，二是怕一旦机器代替了手工劳动，他们很可能会被打破饭碗失业。所以，这个发明没过多久，就被弃之不用了。

12 英寸木工锯轴倾斜圆锯机

这样，又过了 100 多年。到了 1767 年的时候，伦敦有个木材商人，为了加快木材加工的速度，制造出了一台锯木头的机器。这台机器是用一个高大的风车来带动的，它可以很快地把粗大的圆木一截两断，大大地提高了工作

用手工锯断木料

木工们不仅捣毁了锯房，而且驱走了木材商人

效率。这本来是件好事，可是，他却遭到了 100 年前那个荷兰人一样的命运。一天，一帮木工冲进他的机器房，棍棒齐下，捣毁了锯木机床和风车。

这是怎么回事呢?

原来，当时各种行业都成立了行业帮会，旧的行业习惯势力非常强大。木工们为了自己的利益，在行业帮会的支持下，做出了上述举动。他们不仅捣毁了锯房，而且驱走了木材商人。

不过，这木材商人也不是好惹的。他在研制锯木机床的时候，得到了英国工艺学会的帮助和支持。当上述事情发生后，当地政府出面，制止了这场骚乱事件。当权者还告诫人们必须不断扩大锯木机床的应用，以扩大生产规模和提高生产效率。当局还对肇事者进行了惩罚；木材商人也得到了赔偿。接着，他重新修复了锯房，使风车又开始转动了，用锋利的锯条截断了一根根圆木。从此，锯床发展起来了。

到了 18 世纪前后，随着机械工业的发展，人们把锯木的机床应用到了机械行业上。

今天，除了木工用的带锯、圆盘锯之外，在机械工业上，为适应截断各种钢材的需要，普遍使用着弓锯床，以及安装砂轮锯片、软体锯片的锯床。

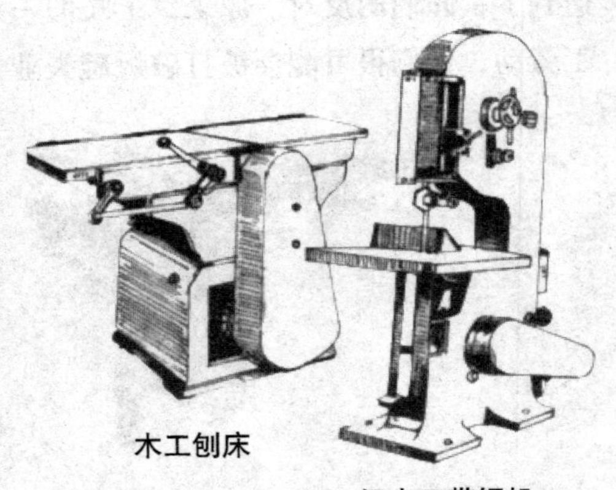

木工刨床

细木工带锯机

镗 床

镗床，是一种金属切削机床，主要是加工圆孔用的。通常用镗刀作为刀具，扩大加工机件上已有的圆孔，使其达到光洁，符合使用要求。这种加工方法，称为“镗孔”。镗孔时，机件固定在镗床的工作台上，镗刀装在镗杆上作旋转的切削运动。镗床配上不同的刀具，可以进行端面、外圆、螺纹等项的加工。

世界上第一台真正的工业镗床，是美国人约翰·威尔金森发明的。

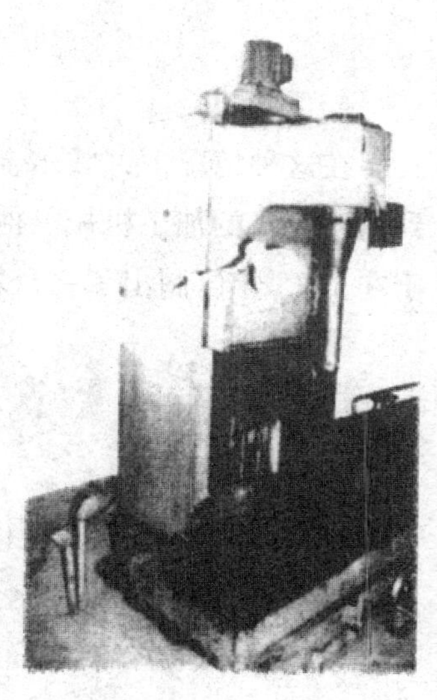

立式金钢镗床

威尔金森生于1728年。1775年，他的父亲承接了制造一批大炮的任务。制造大炮有个关键的技术问题，就是炮膛必须光滑，而且精密度要高。而炮筒则是一个很长、直径很大的圆孔，这就需要有一种能伸入炮膛里面进行加工的机械才行。

如何才能解决这个关键的技术问题呢?

关于加工机件圆孔，很早以前有一种手工加工圆筒的方法：将圆筒固定在工场地面上，由铅匠浇铸一块与圆筒内孔大小相同的铅块，两端绕上铁条，系上粗绳，由几个身强力壮的工人来回拉动铅块；圆筒内孔涂上金刚砂和鲸油，在铅块的摩擦下，把内孔壁磨光滑。这种加工方法，不但费工费时，效率低，精度也很差。

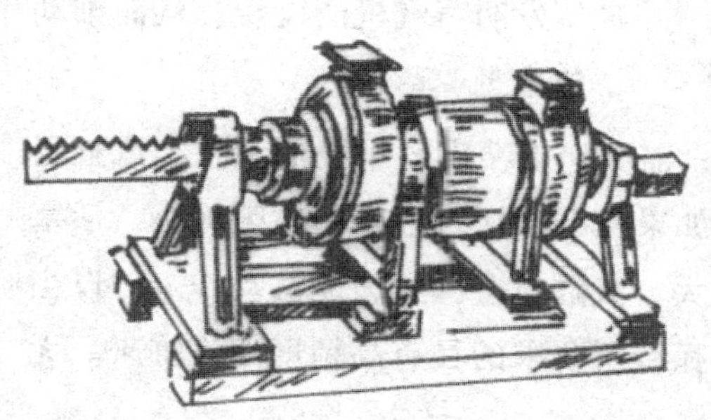

早期英国威尔金森镗床

1769年，英国人斯密顿制造出了一种镗床。这种镗床的工作原理是：用水车带动一根横轴旋转，轴前装有一个圆盘刀架。随着横轴的转动，刀具即可进行切削，加工圆孔机件。加工完一段后，再用绳子拉动机件，使刀具再切削另一段。但这种镗床加工出来的圆孔精度太低，同样不适合炮膛的加工。

用铅块磨汽缸内孔

在这种情况下，威尔金森只好自己想办法，开始研制既省力，又能达到精度要求的加工机械。他夜以继日，废寝忘食，整整用了一年时间，终于在1775年研制出了一台新式的镗床。这台镗床，有一个空心圆筒形的镗杆，外面套有镗刀盘，里面有一根实心轴，随着实心轴的进退和镗刀盘的旋转，将炮膛切削光洁，从而制造出了炮膛精密度高、性能优良的大炮。

瓦特设计的高精度的汽缸被搁置下来

威尔金森的镗床发明，其最大的功绩并不在于制造出了一批性能优良的大炮，而是使瓦特成功地实现了发明蒸汽机的设想，从而推动了整个工业革命。

原来，在瓦特的蒸汽机设计中，需要加工精密度很高的汽缸。汽缸里要放进活塞，活塞在汽缸里运动。如果汽缸与活塞之间的空隙太小，活塞就不能很灵活地动作；如果间隙太大，汽缸就会漏气，无法动作。但以当时的工艺水平，根本不可能加工出瓦特所要求的具有高精度的汽缸来。无奈，瓦特的设计只好被搁置下来了。

10年后，也就是威尔金森发明镗床的第二年，威尔金森为瓦特制造了他所需要的汽缸，从而使瓦特发明蒸汽机的设想成为现实。所以后来有人说：没有威尔金森发明的镗床，也就没有瓦特的蒸汽机。

车 床

车床，是一种用途最广的金属切削机床。通常以车刀作为刃具，加工工件的外圆柱面、内圆柱面，圆柱体端头的平面或圆锥面，也可加工内外螺纹，这种加工方法，称为“车削”。车床加工效率高，尺寸精，表面光洁。所有的机械加工车间都离不开车床。

车床的发明，在机床家族中是比较早的。在古埃及时，人们就掌握了切削圆木棒的技术。他们用绳子缠绕在要切削的木头上来回拉扯，使木头旋转，手持刀具进行切削。之后，不断发展，采用滑轮缠绕绳子旋转，再由滑轮带动被切削的木头转动，手持刀具紧靠旋转着的木头，切削成需要的圆木棒。到了中世纪，人们又改用脚踩踏板带动飞轮，就像脚踏缝纫机一样，飞轮再带动木材旋转，这样可双手操纵刀具切削。但这些机器都只能切削木材，不能加工金属机件。

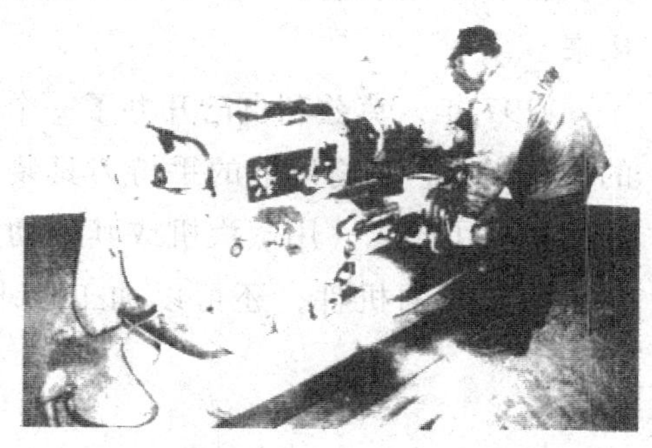
车床

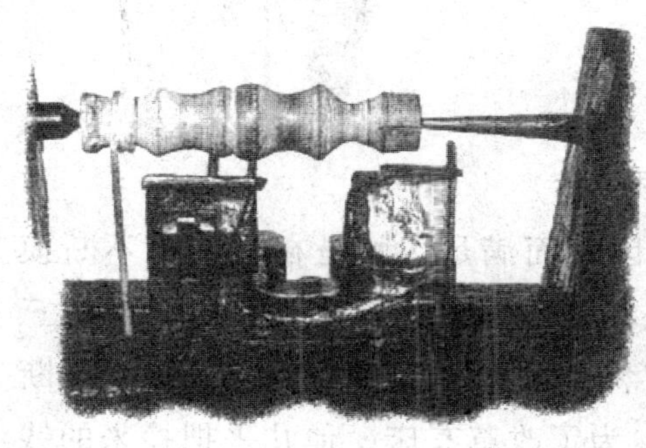
早期木干车床

世界上能用来切削加工金属机件的车床，是 18 世纪，由英国机械师亨利·莫兹利发明的。

莫兹利，是个刻苦钻研和不懈努力的青年。他没有受过正规教育，12 岁就进兵工厂做工，14 岁当徒工，学木匠，15 岁当了铁匠的

法国弓弦车床

徒弟。他对机械很感兴趣，精心学习，较好地掌握了有关基本知识。18 岁时，他到布拉默的机械厂工作，当他的助手。布拉默是个很有才华、很能干的人，29 岁时就发明了抽水马桶，之后又发明了水压机等机械。在布拉默的影响下，莫兹利在技术上、精神上都有非常明显的进步，成了一名优秀的机械师，不久就当了总工长。

莫兹利在机械工作中，对车床是很有研究的，因为当时车床工人用手和脚踏操作，既费力，加工出来的机件质量也不高，他一心想改革车床，创造出一种新的车床来。

1797 年，莫兹利自己开办了一个工厂并研制出了一台新的车床。他的这台车床，是将以前的手持刀具装到了刀架上，并把过去的脚踏板去掉，换成了轮子，用蒸汽机或其他动力使车床主轴转动。它不仅能加工出表面光滑的机件，还可以加工要求很精确的螺纹，因此也称为螺纹车床。

莫兹利车床

莫兹利发明螺纹车床后，并不因此而满足，而是在生产中不断摸索、总结经验。为了使车床更加稳固，他用铸铁导轨代替了以前的三角铁机架，从而进一步提高了加工机件的精密度。此后，他一直不断改进车床，直到 1831 年去世为止。为了改革车床，他几乎把挣来的钱都花光了。

19 世纪的六角车床

莫兹利除了发明和改进车床以外，还研制成功了高精度的千分尺，用铲点子刮削法加工标准平面等机械，为其他机床，如铣床、刨床等的制造打下了基础。因此，人们称莫兹利为“英国机床工业之父”。

刨 床

刨床，也是一种金属切割机床，以刨刀作为刀具，主要刨削机件平面和沟槽，也常用于刨削其他形状的表面。这种加工方法，称为“刨削”。刨削时，刨刀是一条一条切削金属的，因此刨一些窄而长的表面时，能发挥较高的效率。刨床可分为龙门刨床和牛头刨床等。

六米龙门刨床

在机器加工车间里应用也很广泛。

镗床和车床发明以后，在金属加工中，加工圆孔和圆柱，以及螺杆等机件有了办法。但是许多机器部件需要加工平面，特别是当时大量制造的蒸汽机阀座的平面都是用凿子和锉刀加工的，在当时还没有更好的加工办法。于是，许多科学家、机械师们都绞尽脑汁，想方设法制造出一种能加工平面的机械来。

这样，到了19世纪的1817年，终于有个英国人理查德·罗伯特，首先发明了一台能加工平面的机器——刨床。

罗伯特是个工人出身的机械师。10岁时，就在采石场劳动，小时候曾为母亲制造过一台纺车。他对机械技术特别有兴趣。16岁时，进威尔金森的炼铁厂当制图工。后来，到莫兹利的工厂干了两年，当过车工和装配工。

19世纪制的刨床

1816年，他在曼彻斯特自己开了家小工厂，开始了自己的事业。第二年，他就研制出了一台刨床。

他的这台刨床，上方有一个大铁架，好像一个大门，因此被称为“龙门刨床”。加工机件时，把机件固定在工作台上，借助工作台的往返运动，由刨刀一条一条地将金属切削掉，从而加工出平整、光滑的平面。经试验，其效果良好，受到了机器制造厂家的欢迎。现在，这台刨床还珍藏在伦敦科学博物馆里。

现代的双柱龙门刨床

龙门刨的发明解决了机件加工平面的大问题，但这种刨床较适用于加工大的机件，对小机件来说，虽然也能使用，但不免显得有些小题大做。

20年后，有个叫纳思密斯的人，终于发明了一种刨床，叫牛头刨。

纳思密斯，1808年生于爱丁堡的一个艺术家庭里。长大后，他对绘画很感兴趣，但没有进过学校门。19岁时，他对机械技术发生了兴趣，到国内各地进行考察。20岁时，他来到伦敦，拜莫兹利为师傅，协助莫兹利进行各种试验，学到了不少有关机械的技术。

1831年，莫兹利去世后，纳思密斯离开伦敦，并随身带了一些部件，

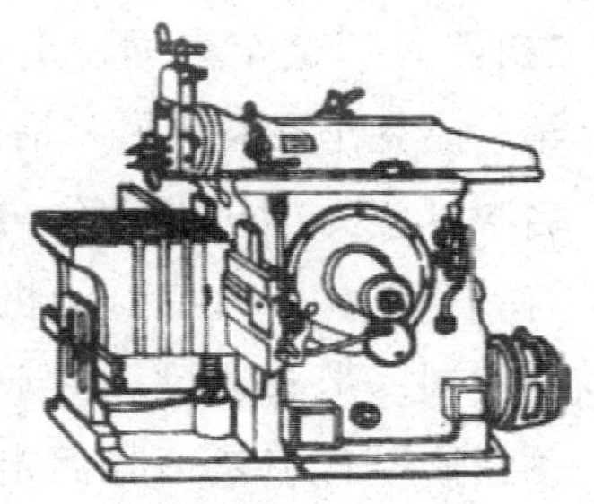
现代的牛头刨床

在曼彻斯特建立了自己的工厂，开始制造机床。他的牛头刨，是他到曼彻斯特后发明的。

牛头刨有一个将机件固定住的工作台，另有一个安装在滑枕上的滑臂。滑臂上装有刨刀。随着滑臂在滑枕上来回滑动，刨刀便一条一条地把金属切削掉。滑臂和滑枕很像伸出的牛头，又像牛一样任劳任怨地为机件不停地加工，所以取名为牛头刨。

牛头刨加工小型零件非常方便，而龙门刨则适于加工大部件。从此，这两种刨床就成了一个系列，一大一小各尽所能，使机械加工技术有了很大发展。

机器人

机器人，也称“机械人”。它是能模仿人的某种活动的一种自动机械。一般能自行走动和操作生产工具进行作业。可以在人所不能适应的环境下（如高温、深水等）代替人工作。现代的机器人都装配有电子计算机，通过编排程序，能具备一定程度的人工智能，如能识别语言和图像，并作出适当的反应等，称为智能机器人。

世界上最早的机器人，要算是原始人发明制造的捕捉机了。那时，原始人是依靠采集野果和捕捉动物为生的。他们为了捕捉动物，就制作一些简单的机械，把它们安放在动物的洞口、经常出没的路上，或在机械上放上诱饵。这样，当动物进洞、经过，或来吃食物时，一旦触动机关，它们的头或脚就被夹住了。今天，我们使用的捕鼠夹，可说是原始的“机器人”了。

机械机器人

虽然从原始人开始就已经有了“机器人”，但是

1810 年制的机器人

“机器人”这个名词，是20世纪初出现的。1920年，捷克作家卡利尔·恰皮克写了一个电影剧本，名叫《洛万能机器人公司》。在这部电影剧本里，有一个叫“罗伯特”的机器人，因为不堪忍受人的控制，带头造反。由于这个故事生动有趣，罗伯特这个名字就不胫而走了。后来，人们就用这个名词称呼各种取代人从事工作的机器，中文翻译为“机器人”。

现代机器人是从早期的机动玩具和工业生产中研制出的自动装置发展而来的。

早期的“机器人”，世界上有很多记载。在古希腊有一位叫希罗的数学家，一天在亚历山大城的神庙前，见到地上摆着一只大箱子，神庙的祭司起劲地鼓动人们掏钱；“赶快捐钱吧！谁投进奉献箱的钱多，谁对神更崇拜，他就能得到更多的圣水！”而当有人向奉献箱一端的小孔里投入一个硬币时，箱子另一端的水管里就会流出一股水来。希罗很感兴趣，事后了解到。原来这是一个机械装置：在奉献箱里藏着一个大水柜，里面装满“圣水”，水柜底部有一个堵住出水孔的活动塞子，连在一个杠杆上。杠杆另一端有一个小盘子。当硬币掉到盘里，重量增加，塞子被拔起来，水就流了出来。这个自动装置是祭司设计，并由一名机械师制造而成的。

自动圣水装置

为盲人引路的机器人

在我国，2900 多年前的周代，有个叫偃师的手艺人，就制造成了会跳舞的机器人。到了唐代，机器人的制作就更加精巧了。

公元741年，一位叫马待封的工匠，和崔邑令李劲曾经一起制作过一个十分精巧的“酒山”。酒山最下层是一只大龟，酒山的全部机械运转装置都装在大龟的肚子里。龟背上驮着只大盘子。酒山就放在盘子中央。山的四周环绕着酒池，盛着清亮的泉水。水面装饰着铁质制作的精美的荷花。酒山一侧有一条伸出半身的龙。酒宴开始，按动一个装置，龙嘴自动张口，把酒吐入放在荷叶上的杯里。杯满八成，龙口自动闭合。如果饮酒人不及时把酒端走，酒山上的一个小阁楼门就会自动打开，走出一个木制的机器人来，把酒杯取走。观者无不目瞪口呆，惊叹不已。

电脑自动控制的飞机驾驶舱

从原始机器人出现到今天，各种各样制作精巧的机器人先后出现了很多。但古代的机器人，一般都属于机动玩具，而现代的机器人则大都属于生产性的了。

现代机器人，可分为能自动判断的、工业用的和科学试验用的三类。

较高级的机器人，能适应环境变化，从记忆器的存储中选择适当方案而作出正确判断。如飞机的自动驾驶仪，它不仅能保持飞机预定航向，而且能执行正常导航和控制操纵。这就是一种较复杂的能作出自动判断的机器人。

现代工业机器人，常用于恶劣或危险的环境中代替人工作。而一般的常用于锻压操作、装卸、机床加工部件、堆码零件、喷漆、控制汽车车身焊接、把玻璃管安装到多层容器内，将镀锌筒浸入熔融的锌中、从制塑机取出塑料制品，以及从加热炉中取出零件进行淬火等方面。

工业上用于焊接的机器人

机器人除了工业用以外，20世纪70年代已设计出用于科学研究的机器人。其中美国无线电公司研究的机器人“帆船”最富于想象力。

海底科研用的海底机

具有智能的第三代机器人

它能执行广泛的军事、科学和商业任务。而且理论上它能被送往世界海洋的任何地方并发回无线电信息。这种装置可用作船舶、潜艇和飞机的导航站。就在1969年，美国原子能委员会和国家航天局共同研制出了一个具有“人功能”特点的高级机器人（智能机器人）。这种机器人装有人工臂、电视摄像机和拾音器等装置。所有设备全由电子计算机控制。它能通过电视机建立“视觉”，通过热传感器感觉热，通过触觉装置感觉出外形，并将其感觉传递给操作员。这种机器人还可以在极端危险的环境中，回收放射性物质，抢救污染区内的人员。

现在，机器人不仅应用于工业、科学试验，而且它的用途已大大超出了这个范围。在有些国家里，机器人已开始进入家庭。这种家庭机器人，可以进行普通的家务劳动，如洗碗、吸尘、掸灰、拆开食品包、折叠洗好的衣服、铺床，以及把东西放到该放的地方去等等。

随着新科技的发展，在工农业、科学实验、航空、航天、生活等各个领域中，机器人将发挥它不可估量的作用。

可做清洁工作的机器人

印刷术

印刷术，是一种按照文字或图画原稿制成印刷品的技术。主要有制版、印刷、装订等工序。在制版和印刷方法方面，又有凸版、凹版、平版、孔版之分。我们阅读的书就是利用印刷术印制出来的。

印刷术是我国古代四大发明之一。我们读的书、看的报，都是印刷厂印刷出来的。印刷术的发明和发展，走过了一段很长的路程。

印刷车间

今天，学校开学的时候，教师就把课本发给大家了。孩子们往教室里一坐，打开书本，就可以读书了。可是，在古代，印刷术还没有发明之前，大人们看的书是手抄的；学生的书，也都是自己抄写的。

抄写一本书，是非常费时的，往往要花费几个月的艰苦劳动。如果一部书需要几十本，甚至几百本，那就要抄写几十、几百次，花的时间就更多了，而且还会抄错，传抄的次数越多，错误也会越多。

立在京城太学门外刻有“五经”的石碑

为了避免抄错，东汉时，皇帝让大臣把“五经”刻在石碑上，立在京城太学（当时的最高学府）门外，供读书人来校对和抄写。当时，人们有骑马的、乘车的，也有步行的，不远千里赶来京城，校对和抄写。

有了校对的正本，可以避免抄书的错误，可是，抄写的问题还是解决不了。于是，有人想出了拓（tà）碑的办法。把纸在水里浸湿了，敷在石碑上，用布槌在纸上捶拍一遍，然后刷上墨汁，揭下来，就成黑底白字的拓本了。

古代石碑

但是拓本黑底白字，看起来不醒目，在石碑上刻字和拓印，也很费时费工。这样又过了好几百年。到了唐代初年，有人把拓印和刻印章的办法结合起来。把文字刻到木板上，刷上墨，铺上纸，再用毛刷轻轻地刷一遍，把纸揭下来，就成了白底黑字的书页。这就发明了雕版印刷。

宋代太宗皇帝下旨刻印《大藏经》

这样，抄书的问题解决了，但一部书印好后，除了再版，这些雕版就没有用了，要印另外一部书，木板还得从头雕起。费时费工，也费料。相传，宋代太宗皇帝下旨刻印一部《大藏经》，雕版竟花了20多年，雕版13万块，堆满了好几个大房间。

有什么好办法来弥补雕版印刷的这些不足呢？许多人都对这事煞费苦心。皇帝想，做官的想，读书人也想。

这样，又过了几百年。到了宋代，有个老百姓叫毕昇，想出了一个办法：用胶泥做成印章形的薄片，上面刻上单字，用火烧硬，做成活字。

古代雕版印刷作坊

印书时，在一块铁板上面铺一层松脂，排上活字，放到火上把松脂熔化，再用平板把字压平。当活字凝固在板上后，就像雕版印刷一样，刷上墨，铺上纸，就可印刷了。这就是泥活字印刷。

毕昇的活字印刷比雕版印刷先

活版印刷术的发明人谷登堡
（约 1394～1468）

成功了。从此，书籍也由写本书进入了印本书的时代。后来，随着我国与世界各国的交往，印刷术很快传到了国外。1438 年，德国金银匠谷登堡制作了金属活字，并发明了机器印刷，从而，把印刷技术推向了新的高度。清代时，机械化印刷传到了我国。

19 世纪英国大型印刷机

随着科学技术的高速发展，印刷技术也在飞快地向前发展。近几十年来，已出现了激光照排、电子刻版、装订联动线等新技术。我们中国是印刷术的老家，所以要更加努力，赶上和超过世界先进水平。

缝纫机

缝纫机，是一种以机械结构传动代替手工缝制服装、被服等的机器。由机头、台板、机架、传动装置等组成。除了台板是木制的外，其他部件都是用金属（钢铁）制成。有手摇、脚踏、电动和全自动的电子缝纫机等多种。

全自动缝纫机

在缝纫机没有发明之前，人们制作衣服，缝补鞋袜，一直是用手工一针一针地缝制的。相传世界上第一台缝纫机是德国人威森塞尔于1755年设计制造的。但是，他制造的缝纫机并没有得到推广，而且直到今天，他的缝纫机是什么样的，谁也说不清楚。

托马斯缝纫机

1790年，英国有个人叫托马斯·森特，也制造了一台缝纫机。据说，他制造的缝纫机比威森塞尔制造的要高级得多。缝纫机头是固定的，机针可以上下移动。他虽然申请到了专利，但并没有人采用它。结果，也是自消自灭了。

蒂莫尼埃的缝纫机

到了1830年，法国有个裁缝泰勒米·蒂莫尼埃，他经过反复试验，制造出了一台和森特式缝纫机相似的缝纫机。实践证明，其缝纫效果很好，很多人都去请他缝制服装。第二年，他一边为客户加工服装，一边开办工厂，生产缝纫机在市场上出售。

这样一来，一般手工缝制服装的裁缝生意就大大不

手工裁缝冲进蒂莫尼埃工厂

如以前了。这下，可把他们气坏了。有一天，这些手工裁缝串通一气，气势汹汹地冲进了蒂莫尼埃的缝纫机工厂，棍棒一阵乱打，把生产出来的缝纫机全都砸得稀巴烂。最后，他们还把蒂莫尼埃关进了一间小房里，狠狠地毒打了一顿，并让他以后不要再生产缝纫机。

蒂莫尼埃虽然口头上答应了，心里却并不屈服。就在那批裁缝大吃大喝庆祝胜利的时候，蒂莫尼埃偷偷地逃出了小房，跑回家里，带上家中仅有的一台缝纫机，连夜逃到乡下老家躲了起来。后来，他来到美国，申请到了生产缝纫机的专利，但没有等他发明的缝纫机在市场上露面，他就一病不起了。

蒂莫尼埃和仅有的一台缝纫机

在蒂莫尼埃以后，虽然还有人发明过缝纫机，但都没有得到推广。其中有个美国人，名叫沃尔特·亨特，经过多年刻苦钻研，于1834年发明了一台新型的缝纫机。据说这台缝纫机已经和今天的缝纫机有点相像了。在他准备申请专利的时候，他妻子认为：如果他的缝纫机一上市，许多靠手工缝衣赚钱的人就会没有饭吃了，甚至有人会起来反对他。于是他放弃了专利，也没有把自己制造缝纫机的技术传播给外人。

这样，又过了10年，到了1844年，也是个美国人，叫伊利埃斯·豪，发明了一台新型缝纫机。豪出生在美国波士顿的一个穷工人家里。他从小腿就瘸了，6岁就到一家缝纫工厂干活。后来，他跟厂里的缝纫女工结了婚。他妻子白天劳累一天，晚上回家，还要给人家缝

伊利埃斯·豪像

补衣服。豪很过意不去，就琢磨着，怎样为妻子制造一台缝纫机，减轻她的劳累。

有一天，豪打听到了外地有个懂缝纫机的裁缝，他就拖着一条瘸腿跑去向他请教。回来后，他白天到工厂上班干活，晚上回家后，就在暗淡的灯光下画图设计，研制他的缝纫机。设计一个部件，往往要一连几个晚上苦思冥想。疲劳极了，他就在桌上趴着睡一会儿。这样，经过一段时间的艰苦努力，他终于制造出了一台新型的缝纫机。

1865 年投产的缝纫机

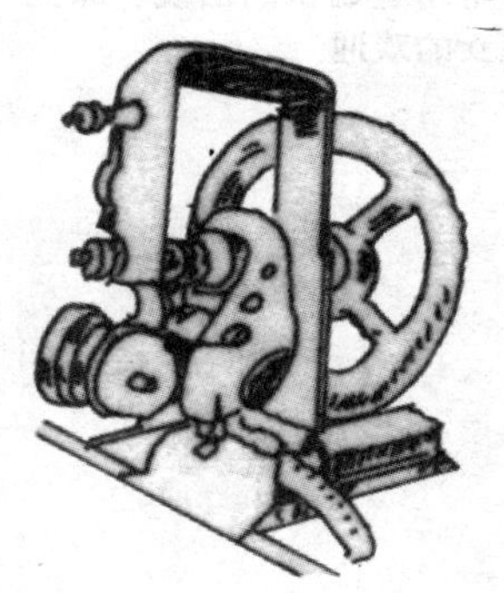

豪的缝纫机

豪的妻子有了缝纫机干活，速度快，质量好，非常高兴。后来，豪申请到了专利，开了一家小工厂，生产出售缝纫机。一天，有个叫艾萨克·胜家的演员，向豪买了一台缝纫机，回家进行研究。6 年后，胜家在豪的缝纫机基础上，制造出了更精巧、更理想的缝纫机，而且成立了胜家缝纫机公司，产品销量压过了豪的缝纫机。没出 2 年，竟成为美国第一流的大公司。

胜家像

在市场竞争中，豪失败了。工厂赔钱，债主要债。面对种种打击，豪心灰意懒，决心一死了事。一天晚上，他和妻子上街吃完晚饭，走出店门，准备一同去死。经过一家商店时，见许多人在争买胜家公司生产的缝纫机。他挤到跟前一看，发现这种缝纫机上许多地方使用了自己的发明成果。当下，他了解到了胜家公司的地址，回家写了一封信，要求胜家支付给他使用专利的费用。

电动缝纫机的出现，深受家庭妇女的欢迎

胜家收到信后根本不理睬。他认为自己是大公司，有钱，豪只是个小厂，不会对他有什么威胁。豪见胜家如此态度，就上诉到了法院。几经周折，最后，法院判处胜家侵权，付给豪一大笔钱。这样豪的缝纫机工厂又得以起死回生，产品质量也不断改进提高。从那时起，缝纫机便在世界各地逐步推广、发展起来了。

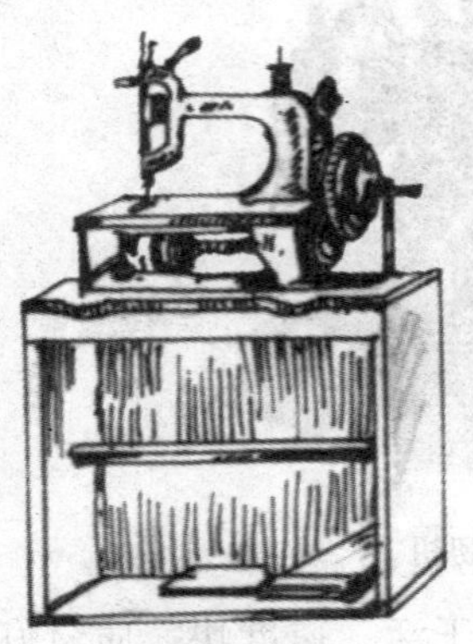
胜家的缝纫机

电 梯

电梯，是电动升降机的一种。用钢丝绳吊挂轿厢，以电动机为动力，装在建筑物内的垂直井道中，沿导轨升降，用以乘人或运物。现在电梯还有安装在楼房外的，可以观赏外景，称为观赏电梯。另外，百货商店、飞机场、火车站的自动扶梯，俗称滚梯，也是电梯的一种。

辘轳

农村的小朋友会看到，人们在井台上打水，使用一种叫辘轳的东西：用一根长绳子，一头拴一个水桶，另一头拴在木轴上；把水桶放到井水里，摇动手柄带动木轴转动，水桶就能把井水提上来。还可看到农民在地里打井，先用木杆支成三脚架，将绳子穿在滑轮里，系上吊筐，从井上往下吊人；从井下往上运土。这种人力升降的技术，可说是电梯的前身了。

奥蒂斯像

蒸汽机发明以后，特别是电动机的发明，为升降机提供了动力来源。有人利用电动机为动力制造了升降机。升降台系在缆绳上，缆绳缠在一个大轮子上（就像井台上吊水的辘轳）。电动机变换正反转动方向，使缆绳在轮子上缠紧或放开，升降台也就上升或下降了。这就是现在建筑工地上的卷扬机。但那时的卷扬机还没有安全装置，往往因缆绳断落而发生人身事故。所以，这种卷扬升降机虽然可以方便升降，却很难推广。

奥蒂斯发明最早的电梯

到了 1852 年，美国有个机械工人，叫奥蒂斯。他对电动卷扬机作了改进，把升降平台改成轿厢，并增加了安全装置，制造出了世界上第一台电梯，并创办了奥蒂斯电梯公司。但人们仍然担心不安全，所以饭店、办公楼、公寓等，谁也不来定货安装他的电梯。

奥蒂斯进行升降表演

后来，奥蒂斯抓住美国商品博览会的机遇，把他的电梯安装到会场上，作了一次惊人的表演。表演时，他亲自站在电梯里，当电梯轿厢升高到 20 米时，助手砍断缆绳。观众们吓得无不失声惊叫。然而，轿厢却稳当地停在井道中间。原来，在砍断缆绳的一刹那，安全装置上的安全钳被弹簧弹出，使安全钳紧卡在导轨中，不使轿厢坠落。从此，奥蒂斯的名声大振，电梯成了抢手货。

今天，不少小朋友都乘过电梯。但当初的电梯不是现在这样的，而是一个铁笼子，楼层口是个铁栅门。电梯运行到暂停的楼层时，由人工操纵停住。但电梯停住的位置往往不是高就是低。后来，奥蒂斯又研制发明了自动调平装置。这样一来，电梯每到暂停楼层，就能正确无误地停在楼面上了。

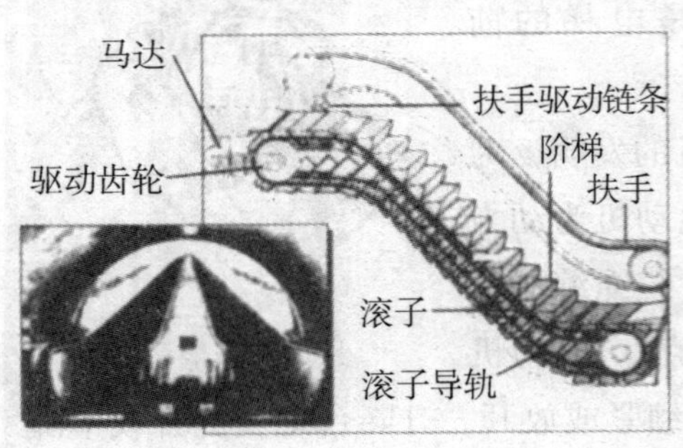

行人输送道

升降电梯发明后，又经过半个多世纪的研究和改进，到了 1921 年，美国奥蒂斯电梯公司又研究发明了自动阶梯式扶梯，从而为大型商店、火车站、飞机场运送顾客和旅客创造了条件。近年来，电梯又有新的发展，人们把升降电梯安装到高层建筑的外侧，成为观赏电梯。轿厢外面用玻璃制成。人们乘坐这种电梯，可以观赏城市景色，真是别有一番情趣。

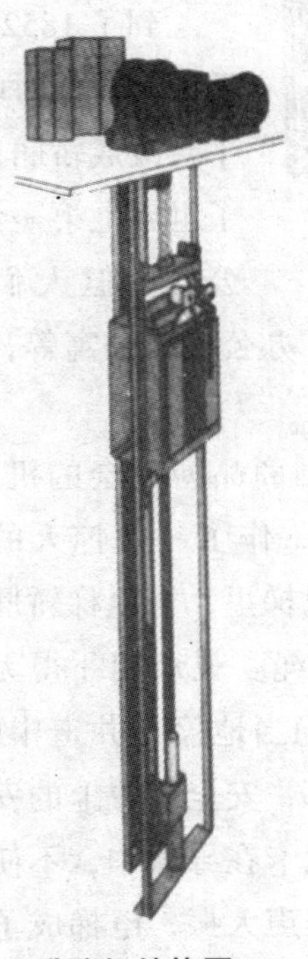

升降机结构图

避雷针

避雷针是一种防止雷击的装置。它是一根金属棒，安装在房顶、塔顶、烟囱顶等建筑物上，与地线连接。它把周围空中雷电引向自身，泄入大地，保护建筑物免遭或少遭雷击。

富兰克林（1706～1790）

避雷针，是由美国科学家富兰克林发明的。从1746年开始，他研究电学。在一次实验中，他发现正电和负电接触时，会发出火花和噼啪声，于是就想：闪电雷鸣是不是大自然的一种放电现象呢？

富兰克林把实验的结果和自己的想法，写成了一篇论文，寄到英国皇家学会，可是得到的却是一片嘲讽。

但他并不灰心，他坚信真正的科学发现是埋没不了的。但是，怎样才能证明自己的想法是正确的呢？他白天黑夜思考着。

一天，他看到儿子和几个小朋友放风筝，心里不禁一亮，便转身跑回家去。

到家后，他用竹子和能防雨的丝绸扎了一只菱形的风筝，顶端插上一根尖头的铁针，系上一根长长的麻绳，末端接上一段丝带，接头处还挂上一把铁钥匙。

儿子看见了，问："爸爸，这是什么风筝呀？"富兰克林说："这是捕捉'天电'的风筝。"

一天，下雷阵雨了，人们都往家里跑，富兰克林却带着儿子拿着风筝向郊外奔去。

富兰克林在做风筝实验

风筝放到天上去了。富兰克林手牵

实验中的富兰克林

着绳子末端的丝带，和儿子躲在屋檐下，等待着奇迹的出现。这是一项危险的试验，但为了科学，他决心冒一次风险。

突然，天空中亮起一条银蛇般的闪电，顿时，麻绳上蓬松的纤维一根根竖立了起来。富兰克林伸出一只手指去摸那些纤维。

突然，“噼啪”一声，一朵蓝色电火花从铁钥匙头上跳了出来：他的手臂一阵发麻，赶忙缩了回来，但他却高兴得大喊：“我捉住天电啦！”

亭楼顶的避雷针

富兰克林的风筝实验震惊了世界。他证明了天上雷电不是什么雷公电母作法，而是带有正电和负电的云相遇，产生的一种强烈放电现象。

于是，他想：既然天上的电和地上的电是一样的，那么怎么才能驯服雷电，不让房屋被击毁，人畜被电击死呢？他想呀，想呀……

最后，他终于想出了一个办法。根据金属棒尖端容易吸收雷电的原理，在高大的建筑物顶上安装一根金属棒；下端用一根绝缘材料包裹的金属线，联通到地下。

这样，打雷闪电时，天上的电就被这根金属棒所吸收，顺着金属线通到地底，从而建筑物再也不会被雷击了。因此，富兰克林称这金属棒为“避雷针”。而他本人也因此在人类的文明史上留下了光辉的名字。

避雷针

家用电器

电　池

电池，一般指化学电池，是一种将化学能直接转变成电能的装置。主要有正负两个电极和电解质组成。电池有两种，一种是电能用过后可再充电继续使用的，叫"蓄电池"，那个如汽车上用的铅蓄电池；另一种是不能复原继续用的，叫"原电池"，如手电筒中用的锌子电池。

美索不达米亚古老的电池

1938年，考古学家在美索不达米亚，发掘5世纪的一座古墓时，发现了一个陶瓷瓶。瓶里有一根铜管，中心用沥青包裹着一根铁棒。同时，还发现了许多镀金的装饰品。后经专家研究，这层黄金是电镀上去的。而这只陶瓷瓶正是电镀用的电池。但不知什么原因，这种古老的电池后来失传了。而现在人们使用的电池，是在18世纪重新发明出来的。

1750年左右，德国数学家祖尔策，有一次在做科学实验时，他的舌尖偶然放到两条不同的金属之间，舌头上立刻有一种刺痛的感觉。这种感觉只有在两种金属的另一端连接时才产生，而断开时则消失。他当时认为这是两种金属的微粒运动使舌头产生的感觉，所以没有把它与电联系起来。

试验干电池点亮灯

1780年11月的一天，意大利物理学家伽伐尼，在做青蛙的实验时，他的一个助手无意中把刀尖触到了蛙的腿上。蛙腿突然收缩了一下，

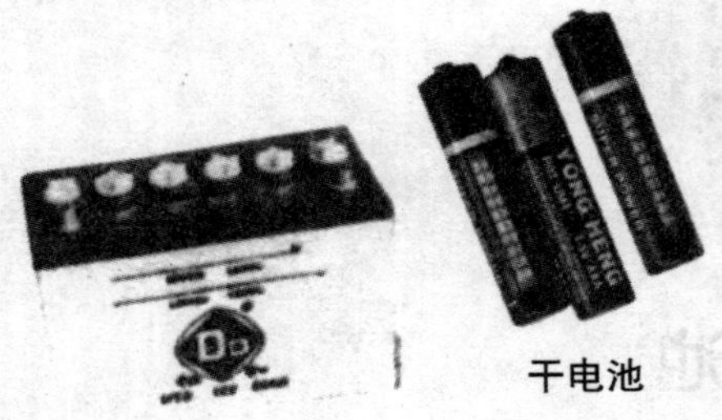

蓄电池

干电池

而此时正是起电机打电火花的时候。伽伐尼重复进行这一实验，得到的结果都一样，他心想：这难道与电有关吗？

于是，伽伐尼变换各种方法进行实验：他把蛙腿用铜钩挂在花园的铁栏杆上，不论是在雷雨天，还是在晴天，蛙腿都会发生痉挛现象；把蛙腿挂在玻璃板上，用一根铁丝一端接触铜钩，另一端接触蛙腿，蛙腿也发生收缩，而用绝缘的玻璃等接触铜钩时，则不发生收缩。这一实验说明：蛙腿的颤动与外界的电变化根本无关，而是青蛙自身产生的生物电。

伽伐尼在做青蛙实验

1791 年，伽伐尼向科学界宣布了他的发现。他的同乡物理学家伏打起初同意伽伐尼的观点，但经过多次实验，产生了怀疑。后来，他仿效了 40 年前祖尔策的实验，经过实验，他否定了伽伐尼的观点。

1794 年，伏打公布了他的观点，以接触电的存在否定了动物电的存在。同时，他还公布了通过大量实验排定的元素电化序的位置：锌、锡、铅、铁、铜、铂、金、银、石墨、木炭。元素的位置相距越远，电效应就越强。根据这个原理，伏打发明了电堆。

1800 年 6 月 26 日，伏打在伦敦皇家学会的大厅里表演了他的发明。他将 17 枚银元与 17 枚锌片，一一相隔堆放起来，并在每一金属之间加隔浸透盐水的纸板，又在顶端与底部分别引出导线；当两端的导线相碰时，就发出劈劈啪啪的电火花。顿时，大厅里欢声雷动。伏打不忘伽伐尼的启迪，把这种电堆取名为伽伐尼电池。

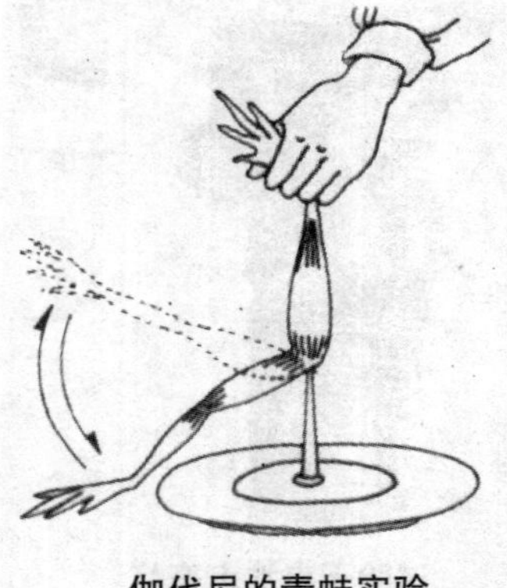

伽伐尼的青蛙实验

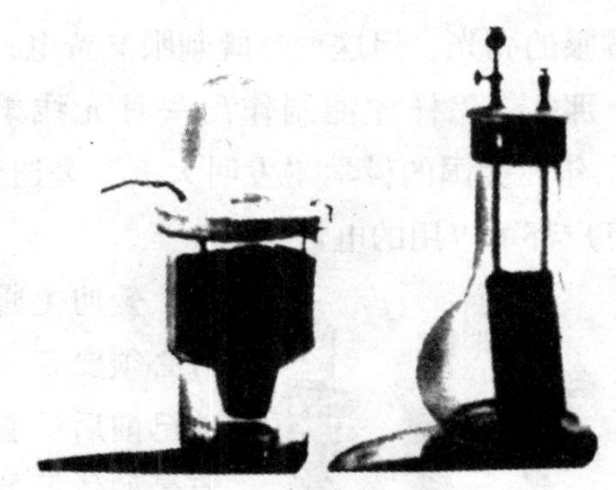

伏打（1745～1827）

最早期的电池

1801 年的一天，伏打应邀到法国巴黎科学院演讲时，拿破仑皇帝会见了他。拿破仑面对伏打立正敬礼，大声宣布：“鉴于你为科学事业作出了伟大贡献，特授予你侯爵封号，并任命你为意大利王国上议员。”

后人为纪念伏打，把他发明的电堆仍旧用他的名字命名，称为伏打电池。

白炽灯

白炽灯，俗称电灯，其实它是电灯的一种。形状呈梨形，用耐热玻璃制成，内装钨丝，俗称灯丝，通电后，灼热而发光。现在，主要用来做家庭照明用。

今天，每到夜晚，家家电灯亮，城市灯火更辉煌。但在远古时代，人们则用火把和枯枝来照明，以后是用油灯和蜡烛来照明。到了近代，随着石油和煤气的普遍开采，才出现了煤油灯和煤气灯。但是，这些灯，不是冒黑烟就是有异味，还容易着火，发生火灾。

白炽灯

18 世纪，随着电的出现，人们就在这方面动起脑筋来。1809 年，有个英国人用 2000 只电池为电源，把两根炭棒分别接在电池的正负极上，产生出电弧，发出耀眼的亮光，但这种灯既刺眼又费电，不适合一般家庭照明。

那么，怎样才能制作出一种光线柔和、安全省电的家庭照明灯呢？1877 年，美国的科学“发明大王”爱迪生向公众宣布：“我要发明一种千家万户都可以用的电灯。”

各式的灯

爱迪生通过一段时间的研究发现，制造电灯必须要有一种理想的东西做灯丝，因为这时，他已前后试验了 1600 多种材料，甚至把纸片、笤帚的竹棍都找来做过试验。它们不是效果不好，就是一通电，灯丝就烧断了。

但他并没有泄气。他说：“经过试验，证明哪些东西不能作灯丝，这就是收获。”

为了及早制造出电灯，他和助手不分白天黑夜连续工作，实在累了就趴在实验桌上睡一会儿。有时根本就不回家，在实验桌上过夜。

爱迪生
(1847—1931)

辛勤的工作，无数次的试验，爱迪生又总结出：除了需要有合适的材料做灯丝外，还要避免灯丝很快地被氧化，因此要把灯泡里的空气抽空。说干就干，他从一所大学里借来抽气机，连夜实验，一直干到第二天黎明。可是，借来的抽气机性能不理想，没有办法，他只好自己重新设计、改造抽气机。

这样，直到 1879 年 8 月，爱迪生设计制出了一台抽空气机。经过实验，它能把灯泡内的空气抽到只剩下大气压力的十万分之一。但是，爱迪生还是不满意，对抽气机又进行了改进，第二个月，使灯泡内的气压减到了大气压的百力分之一。在当时的条件下，这是多么不容易的事啊！

爱迪生和助手做实验

灯泡的真空问题解决了，理想的灯丝却还没有着落。一天，爱迪生无意中发现桌上有团棉线，他就抽出一根把它碳化。但是这细碳丝太脆弱，稍一动就断了。他和助手们连干了3天，好不容易才得到了一根完整的细碳灯丝。

爱迪生和助手小心翼翼地捧着棉线烧成的碳丝，来到灯泡车间，准备用它做灯丝制一个灯泡。不料在交给制造工人时，碳化棉丝又断了！三天的辛苦白费了！没有办法，爱迪生又回到实验室。经过三番五次的努力才又制出了一根棉线碳灯丝。

爱迪生正在做实验

这天，也就是1879年10月21日，一个用棉线碳化灯丝制作的电灯泡制成了。工人通上电流。啊！灯丝发出了柔和的亮光，世界上第一盏白炽灯终于诞生了！爱迪生和助手、工人们高兴得跳起来，互相拥抱，又唱又笑。1小时，2小时，一直到45个小时，这盏电灯始终亮着，直到把电压升高才熄灭。

第一步成功了，但爱迪生并不满意。他想找到比棉线碳灯丝制作更容易、更理想的东西做灯丝。第二年5月的一天，天气闷热，爱迪生扇扇子时，产生了新的想法：用竹子作灯丝也许能做成更好的灯泡！经过试验，竟然一连亮了50天。

世界上第一盏白炽灯诞生了

这一意外的成功，使爱迪生欣喜若狂。他立即派人到世界各地盛产竹子的地方去采购竹子。他比较了上千种竹子的碳化灯丝，其中以日本的竹子最为适用。于是，他就用它来制作灯丝，大量生产白炽灯具，供应市场，并在纽约建起了第一个发电厂，向公众供电。从此，电灯正式走进了千家万户。

爱迪生和他发明的灯泡

科学发展是永远无止境的。就在人们使用爱迪生竹丝灯泡的时候，人们对它还在进行着不断地研究，寻求质量更好、寿命更长的灯丝。1904年，奥地利的亚历山大·尤斯特和弗兰兹·哈那曼终于找到了一种熔点很高的金属钨，抽成细丝装进灯泡，制成了钨丝灯，从而代替了为人类服务了十多年的竹丝灯泡。现在我们日常使用的就是这种灯泡。

随着科学技术的不断发展，1859 年，法国科学家贝克勒尔发明了荧光灯（即日光灯）；1909 年，法国物理学家乔治·克劳德发明了霓虹灯。如今，当我们点亮家里的电灯时，看到城市街道上五光十色的灯火时，怎么能不想到它们的发明人。他们付出了多少心血，才换来了我们今天的灯光世界啊！

各种灯泡

留声机

留声机，也叫“唱机”，是使唱片放出声音的机器。由旋转机构和唱头两部分组成。旋转部分是由弹簧发条驱动，使水平圆盘和放在它上面的唱片同时转动。唱头一端有金属薄膜片，膜片中心和唱针相连接。随着唱片的转动，唱针发生振动，唱片就能发出灌片时同样的声音。为了有好的声音效果，在膜片后装有一个喇叭。现在，这种机械唱机已逐渐被电唱机所代替。

留声机是 1877 年美国科学家发明的，但提出制造留声设想的人却早有人在。

早在照相机发明后就有人想：照相机可以把人的形象留下来，那么能不能把人的声音也留下来呢？其中有一位叫汤姆·胡德的人肯定地说“将来会发明一种重述声音的复写纸”。

1877 年 4 月，一位法国科学家撰写了一篇论文，比较详细地描述了自己关于制造声音记录装置的设想。但由于缺乏资金，也就只好纸上谈兵了。

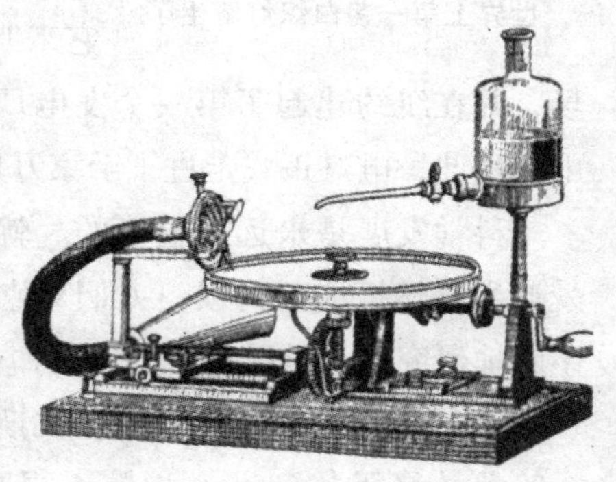
1888 年柏林纳的留声机

爱迪生发明的留声机

就在法国科学家提出制造声音记录装置设想之后不久，爱迪生忽然想到自动电报记录机的纸带既然它能记录电报的声音，也一定能记录人说话的声音。于是，他和助手找来一台电报记录机。助手把一张纸条从记录机中穿过，爱迪生对着机器喊了声“你好”，助手把纸条倒回来又穿过去。果然，机器发出了“你好”的声音，虽然声音不很清楚，但完全可以听明白。

1877 年 12 月 4 日，爱迪生设计出了“能说话的机器”的图纸，交给手下人进行制作。大家一看，一个摇把、一个圆筒、一个带针的振动板，都不禁暗暗好笑，不相信这几样简单的东西能装配出会说话的机器。

两天后，零件制作好了，爱迪生把它们拼装成了一台简单的机器。然后将一张锡箔卷在圆筒上，接着，他一边摇动摇把，一边对着机器放声背出一首小诗：

摇把留声机

“玛丽有只小羊羔……”

爱迪生背完诗，又将摇把倒转回来，将锡箔调回到原来的位置，再摇动摇把时，机器里竟奇迹般地发出了他的声音：“玛丽有只小羊羔……”

爱迪生正在用自己发明的留声机

这时，在场的人都一下子愣住了，随后发出了一阵热烈的掌声。因为这机器能把人说话的声音留住，就取了个名字叫“留声机”。

后来，电话发明者贝尔和他的表弟奇切斯特·贝尔，对爱迪生发明的留声机做了改进，并于 1877 年制造出了电动留声机。贝尔在申请专利时，没有忘记爱迪生的功绩，他在送给专利局审查的一张唱片结尾处录下了这样一句话："我是一台声音记录机，我的母亲是留声机。"

收音机

收音机，是接收声音广播节目的无线电接收机。它能接收广播电台的无线电信号，并能将其转换成声音。这样，我们就能听到广播节目了。收音机的种类很多，按供电方式不同，可分为交流电收音机和直流电收音机；按广播电台调制方式的不同，可分为调幅收音机和调频收音机；按所用主要电子器件的不同，又可分为电子管收音机和晶体管收音机。

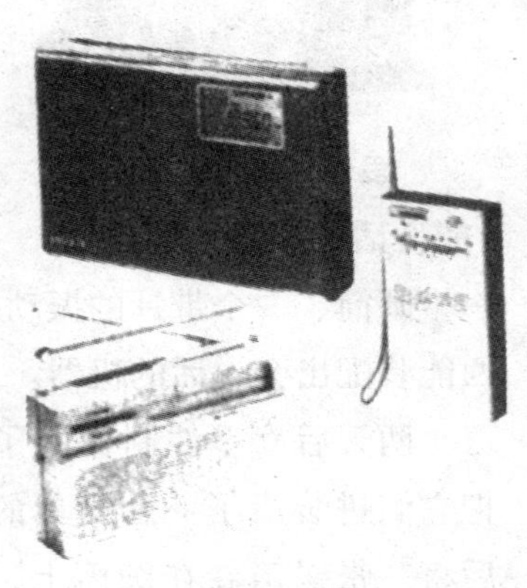

各式的收音机

收音机是电子产品中最老的成员之一。自从意大利科学家马可尼利用电磁波发明无线电报，美国科学家费生丁于1902年发明高频电机后，人们开始设想：能不能把声音通过话筒变成电流，再"装载"到高频电流上，随电磁波一起传送出去？

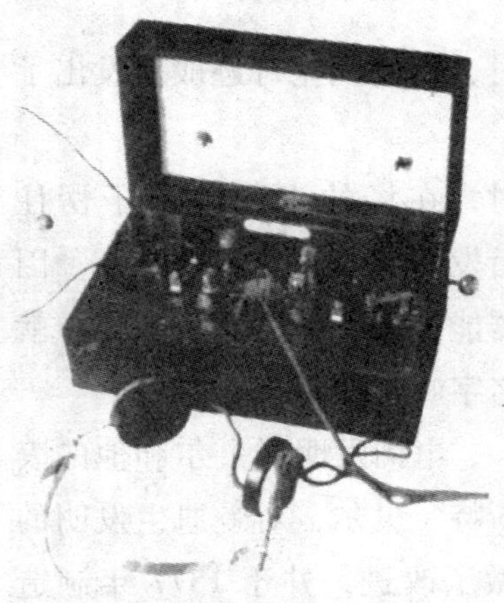

世界上第一台矿石收音机

1902年，就在费生丁发明高频发电机的同时，丹麦科学家鲍尔森利用电弧灯产生电火花方式，发明了电弧式振荡器，解决了声音随高频电磁波传送的问题。但是从电磁波接收来的声音，必须"卸载"后才能重新得到推动耳机或扬声器发声的音频电流。这个卸载过程称为检波。

1910年，两位美国科学家邓伍迪和皮卡特经过对晶体的大量研究，终于发现用方铅

电子管

矿矿石可以做检波器。于是，他们把方铅矿石和几种简单的元件相连接到一起，从而发明了世界上第一部收音机一矿石收音机。这种矿石收音机在本世纪 50 年代，在我国还曾出现过。它不用电池，只要转动调谐旋钮，就可选择接收不同频率的电台广播。

在矿石收音机发明前的 1906 年，美国的德福雷斯发明了三极管，制作成了电子管振荡器，这就使得无线电所需要的发射、接收、放大等装置都较完善地得到了解决；1912 年，美国的阿姆斯特朗发明了无线电接收机的再生电路；1918 年，他又发明了超外差电路。这时，第一次世界大战结束了。人们开始考虑把无线电话发展成广播，让人们坐在家里用接收机收听广播节目。

法国列维发明的超外差式收音机

1920 年，美国在匹兹堡市建立了 KDKA 广播电台，并生产了大量的家用接收机供人们使用，即称为“无线电”的广播接收机，也就是通常所说的电子管收音机。

1948 年，晶体管研制成功后，代替了收音机上的真空管，这就出现了半导体收音机。70 年代，晶体管和集成电路相结合，从 80 年代开始，晶

1943 年出厂的收音机

体管收音机又有了新的发展，出现了集成电路化收音机。这就是现在市场上所见的体积小、可以随身携带的收音机。如果戴上耳机收听这种收音机调频立体声广播，还能有身临其境的立体声效果呢。

录音机

录音机，是用来供记录声音的电声机械。由传声器、放大器和记录器三部分组成。声波通过传声器转换成相应的信号电流，经放大器放大后传至记录器，再转换成电信号，把声音记录在录音磁带上。有的录音机还备有放音设备，可录放兼用，称为录放机。

录音机，是在 1898 年，由丹麦电话工程师瓦尔德马·波尔森发明的。波尔森是一位勇于探索和勇于实践的人。但在此之前的 1888 年，美国科学家奥柏林·史密斯就曾在美国《电子世界》杂志上发表的文章中提出："根据电磁感应理论，可以在磁性体上记录声音信号，也可以从磁性体中将所记录的信号取出还原。"波尔森从中受到了启发，他认真分析了电话机受话器的工作原理，就开始了对录音机的研制工作。

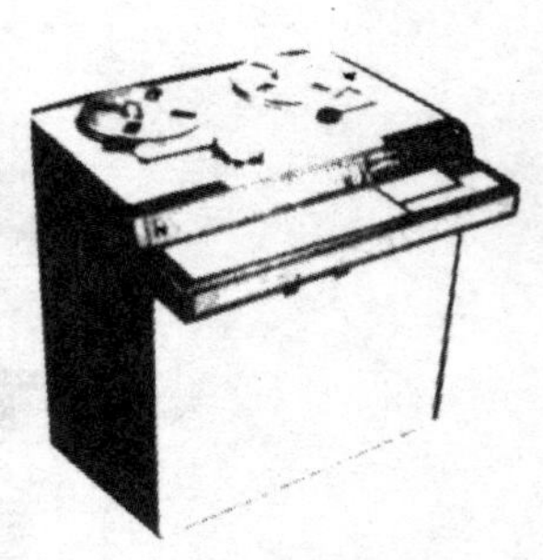

早期的录音机

实验时，波尔森在两个房子之间架上一根钢丝，用电磁铁做磁头，把它固定在滚轮架上，用受话器做话筒，接在电磁铁的线圈上。这样，他一边沿着钢丝走动，一边对着话筒讲话，把声音记录在钢丝上。放音时，他把电磁铁做放音头，受话器做耳机，用录音时的同样速度边走边听，使钢丝上录制的声音还原出来。这样，

录音机的结构

波尔森经过多年实验，制造出了一台磁性录音机。

1900 年，在巴黎展览会上，波尔森展出了他的这种录音机，引起了观众的极大兴趣。由于当时还没有发明电子管，所以，他的这种录音机声音很小，只能用耳机收听。又因为是直接录音，声音也不很清晰。但这毕竟是个划时代的发明，使人类进入了磁性记录技术的新纪元。

用磁带录音机听录音

1907 年，波尔森又发明了直流偏磁法，大大改善了录音机的录音质量。与此同时，电子管和放大器也发明了，这就为录音机进入实用阶段开辟了道路。

1930 年，德国和英国先后研制出了实用的钢丝式和钢带式录音机。但这两种录音机体积很大，只能固定安装在房间内，录制几个小时的节目，所用录音钢带要用汽车来装运，使用很不方便。

随着电子、化学等工业的不断发展，先后出现了电子管直流偏压法，新型环形磁头、交流抹音法，以及磁带，这就使录音机发生了根本性的改变。至 1940 年，终于产生了与现在录音机相类似的磁带录音机。

盒式录音机

在第二次世界大战期间，由于军事、广播和通讯的需要，欧美、日本等国家在磁带录音机的制造技术方面有了很快的提高。到 50 年代，电子管开盘式录音机开始普及。这种录音机使用盘装 6. 25 毫米宽录音磁带，因此体积大大缩小。录音时，使用两只磁带盘，其中一只空盘，把磁带穿过录音磁头，卷到空盘上，就可进行录音了。每盘磁带录音可达 60 分钟。

高级立体录音机

1963 年，荷兰飞利浦公司发明了盒式磁带录音机。这种录音机用的是晶体管和超小型元器件，磁带是特制的塑料磁带盒和磁带，并专门设计了一套特殊的机械走带机构。这样，录音机的体积不仅大大缩小，制作得精巧、灵活，可随身携带，而且磁带不管使用多少，都可随时取下或装上，使用非常方便，受到了消费者的欢迎，被公认为国际标准规格的录音机。

现代录音机

尽管这样，飞利浦公司却并没有止步，而是精益求精，于1966年，又发明了立体声盒式磁带录音机。这种录音机在同一条磁带上，同时分别录上两路信号；放音时，由两组放大器同时在扬声器中放出立体声。现在，多声道立体声盒式收录机也已问世。随着电子技术的发展，录音机正向着更精、更稳的高密度发展。

电视机

电视机，是接收电视台电视节目的声像器具。按接收图像颜色的不同，分有黑白电视机和彩色电视机两种。主要有接收装置、显像部分和屏幕，以及选台、调色、调音等装置。机器的大小按屏幕的尺寸划分，如12寸等。

19世纪末，德国物理学家赫兹发现了电磁波，为人们应用电波打开了道路。无线电报、无线电话、无线电导航等等相继问世。科学家们设想，既然电波能传送声音，那也一定能发射图像，于是就有好多人产生了发明电视机的念头。其中，有个美国人，名叫费罗·法恩士沃斯，研究设计出了电视机的图样，并取得了专利。

彩色电视机

早期黑白、彩色电视机

电视机虽然是由美国人费罗设计发明出来的，但是，把图纸变为实体的，却是英国人，他的名字叫贝尔德。

贝尔德从小就有着丰富的想象力，长大

后先后进入拉哥菲尔德高等学院、皇家技术学院和格拉斯哥大学学习。学习期间，他就对发明电视机发生了兴趣。大学毕业后，他于1906年在黑斯廷斯建立了一个实验室，开始进行电视机的研究和试制。

电视机的发明人——贝尔德

贝尔德的所谓实验室，其实只是一间很简陋的房子，里面只有一个洗脸盆架和一张床，别的什么也没有了。更困难的是没有实验经费。他到旧货摊、电器商店的废物堆去找来茶叶筒、饼干箱、旧发电机，又从一家自行车商店买来几块透镜，等等。他用胶粘，绳子绑，最后用电线串联起来，做成了一套实验装置。

贝尔德发明的第一台电视机

就在那样的环境和条件下，贝尔德夜以继日，废寝忘食，经过十几年的努力，终于在1924年的春天，研制出了世界上第一套电视发射机和接收机。但在试验时，发电机发射的图像只有3米远，而且时有时无，很不稳定，而且有图像时，看起来也很不清晰。这是怎么回事呢？他检查了各个部件，都没有什么问题。最后，他想：肯定是电压太低。

为了加大电压，贝尔德又多加了几节电池，把它们接到一起，使电压达到了2千伏。没想到，他刚刚接通电流，不小心一只手碰在了一节电池上，强大的电流把他击倒在地上，昏了过去。但是，贝尔德没有被吓住。他苏醒过来后，又继续做他的实验。

1940年时的电视机

就在贝尔德发生触电事故的第二天，伦敦《每日快报》知道后，给他发了一篇报道。这样一来，贝尔德成了英国的新闻人物。好多人怀着一种好奇心纷纷前来观看他的实验。当时，贝尔德正缺少实验经费，他就专门为报社记者们进行了一次表演，利用报纸做宣传，吸引人来投资。

百货商店老板利用贝尔德的电视机做宣传

伦敦一家无线电行的老板，看到了报上关于贝尔德研制电视机的消息，立即赶到黑斯廷斯来找贝尔德，表示愿意给他提供实验经费。他提出条件，电视机发明赚来的钱必须两人平分。贝尔德急需实验经费，也就同意了。于是，他把实验室搬到了伦敦。不久，贝尔德把老板给的钱全部用光了，电视机的研制还没有新的突破。老板也就不再给提供经费了。

1915 年的一天，伦敦一家最大百货商店的老板，想利用贝尔德的电视来做广告宣传。他来找贝尔德，要他到商店去，一天表演 3 次，每天给他 25 英镑酬金，同时免费提供一些实验材料。贝尔德想：电视机还没能达到完善就拿出来公开表演不合适，但不干又没有别的经费来源。这样，不但实验搞不成，就连自己吃饭、付房租也没钱啊！被逼无奈，他只好答应了。

贝尔德在商店放映电视表演，吸引了不少人

开始时，贝尔德在商店放映电视表演，吸引了不少人，商店的生意也比往常好了。可是，时间长了，当人们看到的电视图像还是一些模糊不清的影子和轮廓，都大为扫兴，就很少有人来看了，商店生意也清淡下来了。老板见无利可图，就把贝尔德辞退了。

这样，贝尔德又没有经费来源了。他贫困得衣服破了都没有钱缝补；鞋子露出了脚趾，也没有钱去修补。最后，就连吃饭都成了问题。因为交不出房租，房东一个劲地来催他快点搬家。贝尔德实在没有办法了，只好忍痛拆下实验室的一些零件，卖一点钱维持生活。

贝尔德没有白天黑夜地研究起来

就在贝尔德万般无奈的时候，他的两个堂兄弟给他寄来了500英镑，作为试制电视机的入股资金。贝尔德有了钱，就不分昼夜地做起实验来。1925年10月2日，贝尔德经过19年的艰苦奋斗，终于研制出了第一部电视接收机。当他把一个木偶头像放到发射机前边时，那个头像就在接收机的荧光屏上清晰地显示出来了。他又让一个小孩坐到木偶头像的位置上，小孩在荧光屏上看到自己的脸，吓得哭了，贝尔德却高兴得跳跃起来喊道："成功啦！成功啦！"

贝尔德的电视机试验成功的消息很快传遍了伦敦的大街小巷，许多人纷纷来请他去做公开表演，资本家们也都主动找上门来，给他实验经费。贝尔德有了钱，就又买了新的设备，开始了更大规模的实验。

早期的电视机

1928年，他在伦敦播送室里将人像转送到美国纽约的一部接收机上；1931年，在伦敦大剧院转播了23公里以外伦敦赛马场的实况。当电视机荧光屏上出现赛马场面的时候，人们不禁蹦跳起来，欢呼："太好了！太好了！"

德国法西斯轰炸了贝尔德在伦敦的实验室

在成绩面前，贝尔德并没有满足。1936年秋天，有一次，他到电影院观看彩色电影《绝代佳人》。当他欣赏着色彩鲜艳的画面时，灵机一动，心想："既然电影能制造出彩色的，电视也应该发展为彩色的！"回家后，他又一头钻进了实验室，没有白天黑夜地研究起来。经过5个寒暑的努力，他终于在1941年成功地完成了彩色电视信号发射和接收的实验。

同年 12 月，正当贝尔德要将彩色电视公布于世的时候。忽然有一天，德国法西斯的飞机来轰炸伦敦，一颗炸弹落在他实验室的附近。“哗啦”一声，实验室被震塌，成了一片废墟！制成的彩色电视机也被毁于熊熊烈火之中。

但是，在困难和挫折面前，贝尔德没有被吓倒，没有后退，他怀着对战争的仇恨，冒着战火的危险，又重新投入了研制彩色电视机的工作。1946 年 6 月的一天，英国广播公司用贝尔德的彩色电视机第一次播放了庆祝反法西斯胜利的彩色电视节目——《胜利大游行》。然而，令人遗憾的是，这位彩色电视机的发明人贝尔德，却已病重在床，未能亲眼看到彩色电视的放映！第 6 天，他就离开了人世，享年 58 岁！

贝尔德的彩色电视机试制成功

洗衣机

洗衣机，是用来洗衣服的家用电器。洗衣时，只要把衣服等物放在洗衣桶内，加水、加洗涤剂，接通电源，带动涡轮旋转，就能把衣服等物洗得干干净净了。

在古代，自从人类穿上衣服后，衣服脏了，为了去掉灰尘、汗臭味，就把它放在河水中冲；放在盛水的木桶里用木棍搅动。衣服穿得特别脏，或沾上了油渍，就又想法在木桶里放进木块或石子，加大水和衣服的摩擦力，或直接用手搓。这是最古老的一些洗衣办法。

最古老的洗衣方法

用手抓着衣服搓洗，这是比较先进的办法。但衣服洗的少还可以，如果一次洗的衣服多了，不仅容易手酸胳臂痛，还会搓破手上的皮肤。于是，人们又想出了用树木或石头做成棒槌，把衣服放在木板或石头上敲打着洗。但这种敲打的办法有时会把衣服敲打烂。最后，有人发明了洗衣板，把衣服放在板上搓洗。这种办法至今还普遍使用着。

19 世纪的洗衣方法

常见的洗衣方法

但这种人工洗衣的办法，不论用棒槌敲打，还是用搓衣板搓洗，都是很费劲、很麻烦。大约到了 19 世纪初，有人想出个办法，把要洗的衣服放在一个盛有热水的木盒子里，上面装一个手柄，翻动装在木盒里的衣物，使衣物在木盒里来回转动，使衣服之间、衣服和木盒之间发生摩擦，把衣服清洗干净。

后来，有人做出了用水力代替人力的洗衣机。1830 年，英国人发明了蒸汽洗衣机；1840 年前后，法国人又制造出了一种双重封闭式、里面装有 4 个小隔栏和一个排水龙头的洗衣机，但也是摇转手柄翻动衣服来清洗的。这些洗衣机的出现，避免了洗衣时手和衣物的直接接触，也提高了洗衣效率。但由于那时还没有发明出电动机，这就限制了洗衣机的继续发展。

1901 年，美国有个叫费舍尔的人，设计并制造出了世界上第一台电动洗衣机。这种洗衣机，外形呈圆柱状，里面装有一部电动机，中间立有一根带刷子的主轴。电动机带动主轴旋转，刷子就洗刷衣物了。但由于这种洗衣机的筒体与电动机之间的密封不够严紧，洗衣水容易滴到电动机上，引起爆炸，使用时让人提心吊胆。但它的出现，为洗衣机的发展创出了一条道路。

现代的洗衣机

随着时间的推移，科学技术的发展，各国对机动洗衣机的研究和改进不断完善，从简单到复杂，出现了各种类型的洗衣机。根据它的原生产地和洗涤形式的不同，近代家庭洗衣机可归纳为三种：一种是搅拌式洗衣机，这是历史最久的一种洗衣方式，出现于美国，故又称美国式；另一种是滚筒式洗衣机，流行于欧洲，故又称欧洲式；再一种是波轮式洗衣机，是日本制造的，故又称日本式。

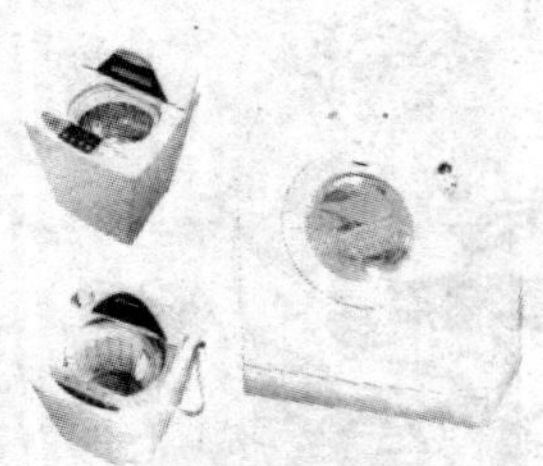
现代的全自动洗衣机

除了以上三种类型的洗衣机，人们还研制出了其他许多种洗衣机，如喷流式、喷水式、振动式等等，随着时间的推移，它们中有的已被淘汰。今天，我国生产的洗衣机主要是日本的波轮式洗衣机。由于电脑的出现，现在全自动洗衣机已经问世。洗衣时，只要把洗衣程序调好，一按电钮，洗衣机就按预定程序自动工作了。洗衣机自动停机后，就可取出洗得干干净净的衣服了。

电冰箱

电冰箱，是一种冷藏物品用的电气器具。过去通常利用液态冷却剂（如氟利昂—12）使冰箱内的物品处于冷藏和保鲜的状态。现在人们正在用其他冷却方法代替使用氟利昂。

物品，尤其是鱼肉之类的食品，冬天天气冷，吃不了还能放几天；可夏天天气热就不行了，很容易腐败变质。相传，3000 多年前的周朝，人们在冬天把冰贮藏起来，到夏天拿出来，用来冷藏鱼肉等食品；我国沿海渔民，夏天出海捕鱼时，带上冬天贮藏的冰块，用来冷藏捕到的鱼虾。这是冷藏新鲜食品的最古老的一种方法。

3000 年前周朝冷藏新鲜食品

相传，意大利旅行家马可·波罗，于1275年跟随父亲来到中国，得到了元世祖忽必烈的信任，当官17年，游遍中国各地。1292年初离开中国回国。这样，他把中国的冰冻制冷方法带回了意大利。后来，就慢慢地传遍了欧洲，又传到了世界的其他地方。

1292年马可·波罗把中国冷藏新鲜食品的方法传到世界其他地方

中国的自然冰冻冷藏法传到世界各地后，引起了科学家们的兴趣：鸡鸭鱼肉埋在冰里为啥可以不腐烂呢？1620年，英国哲学家培根，建成了一个地下冰库，买来好多冰块和一些鸡肉，对冰的作用进行研究。冰库里没有仪器，他不得不每天冒着寒冷亲自到冰库里去观察冰冻的情况和鸡肉的变化。有一天，他因着凉得病，后来转成肺炎，最后终于为科学研究献出了宝贵的生命。

18世纪，欧洲发生了工业革命，大批农民跑进城市的工厂里来做工，城市人口大量增加。这样一来，吃东西就成了大问题，特别是吃菜问题，需要从外地送来；而鸡鸭鱼肉，冬天还好办，夏天放的时间一长就会变质腐烂。冬天凿冰储藏到夏天使用，需要很多人力，而且要建造很多的冰窖。怎么办呢？能不能研究制造人造冰呢？

1822年，英国有个年轻的科学家，叫法拉第。他在做实验时发现：二氧化碳、氨、氯等气体，加压后会变成液体，而当压力降1620年培根建立了上低后，又会还原成气体。1873年，德国化学家林德利用这种现象，经过反复试验，终于制造出了世界上第一部冷冻机。

1620年培根建立了一个地下冰库

林德发明的冷冻机用来制冰和储藏食品，效果很好，受到了人们的称赞和欢迎。1876年，法国的蒂尔用林德发明的制冷技术建造了一艘远洋冷冻船“弗

1873 年林德制造了世界上第一部冷冻机

利克斯菲克”号。蒂尔装了一船肉食品，在海上经过 3 个月的航行，船上的肉却一直保持着鲜美，没有一点变质和腐烂。

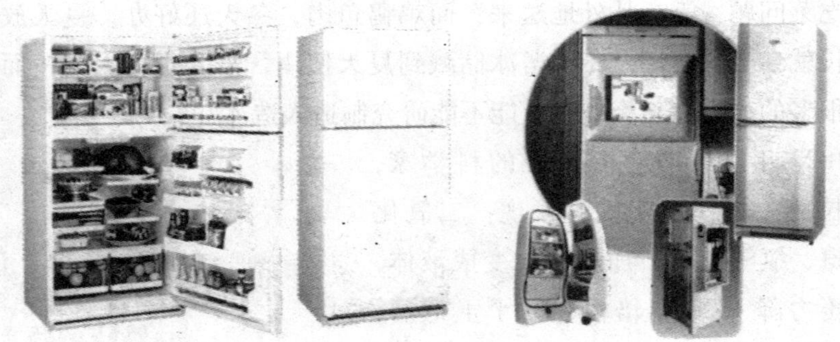

现代各式的电冰箱

后来，随着爱迪生电灯的发明，和各项电器技术的发展，家用电器进入了人们的日常生活。1920 年，美国的卡尔在冷冻机的启发下，第一个研制出了家用电冰箱。从此，各国对卡尔发明的电冰箱又进行仿制和不断改进，出现了各种类型的电冰箱。现在，市场上的电冰箱更是花样翻新，种类繁多了。

微波炉

微波炉，是当代新型的电器炊具。主要由加热腔体、微波源和控制装置组成。其中关键的部件是磁控管，它是产生微波的源泉。现在微波炉的种类很多，可以用来加热食物、烧烤、蒸煮等。微波炉使用起来方便、干净，省时。

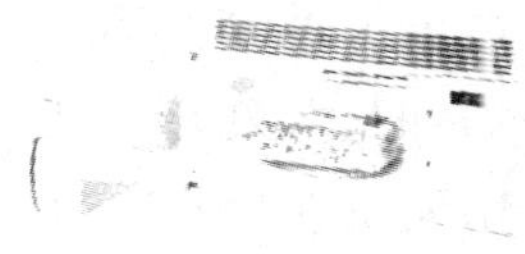

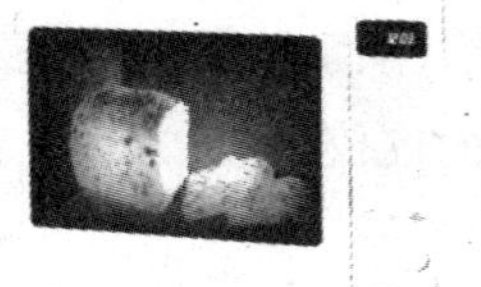

微波炉

我们中国有句古话，叫“民以食为天”。也就是说人活着，必须要吃饭。大家知道，人们要吃饭，就要有锅，有火，把食物放在锅里，用火把它加热煮熟。历代以来，人们用过的锅，有陶瓷的、铜的、铁的、铝的；燃火的原料，有木材、植物秆、煤块、煤油、煤气等等。今天，人们仍在使用这些锅和燃料的时候，又出现了比电炉还先进的炊具——微波炉。

微波炉，不是人们有意研究出来的，而是一个偶然的机会发现的。那是第二次世界大战期间，英国政府为了使德国潜水艇上的无线电接收机失去作用，责令伯明翰大学的布特和兰道尔两位博士研制一种大功率新型电子管—谐振腔磁控管，用以制造微波雷达，探测德国潜水艇。

各种锅和燃料

布特和兰道尔研制出了谐振腔磁控管，但并没有发现它所产生的微波可以加热食品，只是为了要早日消灭法西斯。1945 年，美国雷声公司的雷达工程师珀西·斯潘塞和英国同行进行雷达微波能源的实验时，偶然发现装在口袋里的巧克力融化发粘。开始时他认为是别的什么原因造成的。后来，又连续多次出现这样的现象，这才使斯潘塞意识到这是微波的热效应所造成的。

雷达微波能源的实验

1947 年，美国雷声公司利用微波能产生热效应的功能，造出了世界上第一台商用微波炉，供商店和机关使用。从那时起，微波炉的使用便迅速地推广开来。1965 年，雷声公司收买了阿曼纳公司，该公司的工程师乔治·福斯特和斯潘塞一起，设计了更耐用而且价格较低廉的微波炉。从此，微波炉开始进入家庭，成为炊具中的佼佼者。

从本世纪 40 年代微波的热效应现象被发现至今，微波炉已经发生了许多变化。如 1966 年，商家开发出了能使食物烤得更均匀的“转盘微波炉”；1974 年，商家开发出了能加热不同种类食物的“功率转换式微波炉”；1977 年以后，为进一步方便人们使用微波炉，并使加热的食品没有焦脆的外皮，商家又先后推出了“微机式微波炉”和“烘烤微波炉”等等。

人们广泛使用了微波炉

仪器仪表

望远镜

望远镜是用来观察远处物体的光学仪器。由物镜、目境和镜筒组成。种类很多，用来观察地上远处物体的有伽利略望远镜、观剧镜、棱镜望远镜等；用来观察天体的叫天文望远镜。

各种望远镜

望远镜是荷兰人李普希发明的。李普希开杂货店，也做眼镜买卖。他有三个小男孩，由于没钱买玩具，他就把磨坏的镜片给他们玩儿。

一天，三个孩子在房顶的晒台上玩。老三两手各拿一块镜片，一前一后观看附近的景物。忽然他看到远处教堂上的风向标变得又大又清楚。他把这一秘密告诉了两个哥哥。两人一看，也都惊奇地看到了同样的情况。孩子们越看越有趣，就争抢起来："让我再看看!"

李普希听到孩子们的争抢声，走上晒台说："你们争抢什么？别让镜片把手划破了!"

三个孩子在房顶上拿着镜片玩

老三像抢头功似地急忙说："爸爸，这眼镜片能把教堂拉近、变大!"

"是吗?"李普希说着，拿过眼镜片学着孩子的样子，对着教堂看去。呀！真的，教堂变得又近、又大、又清楚。李普希拿着镜片，惊奇地翻来覆去地察看着，没看出什么名堂。那是一片远视镜片；一片近视镜片。最

一个孩子在利用镜片一前一后观看远处的景物

后，他似乎发现了什么，急忙跑下晒台。

回到屋里，李普希用铁片制作成了一根金属管，把远视镜片和近视镜片分别安装在管内适当的位置上。这就是世界上第一台望远镜。

望远镜做好后，李普希到晒台上，观看四周的房子、树木，它们确实变得又大又清楚了。

他坚信这是一项重要发明，便兴高采烈地拿着他的望远镜去求见荷兰的最高行政长官。

经过验证，荷兰政府认可了李普希的发明专利权，还拨给了他一大笔钱，命令他为海军制造一种用双眼能同时观察的双筒望远镜。

从此，望远镜不仅传遍了荷兰，而且很快传遍了欧洲。军队用它去为打仗服务，商人用它做儿童玩具，科学家用它去研究科学。

李普希在做世界上第一台望远镜

李普希在晒台上实验自己的望远镜

天文望远镜

天文望远镜是专门用来观察天体的光学仪器。由物镜、目镜和支架组成。是一种巨型望远镜。一般都安装在天文台，用来观察天体星辰，研究宇宙科学。

天文望远镜，是伽利略发明的。他是意大利人，著名的物理学家和天文学家。

1609 年 6 月的一天，伽利略到一个朋友家串门。朋友告诉他：李普希发明了望远镜，能把远处的物体拉近、放大，是个新鲜玩意儿。对这消息，伽利略很惊奇，也很感兴趣，便立刻跑到眼镜店买了几块需要的镜片。

伽利略（1564 ~ 1642）

回家后，他把镜片装在一根铜管的两头，制作作了一架望远镜。他把望远镜对着窗外远处的东西看去，呀！房屋、旗杆、树木，一切的东西都变近了、大了、清楚了。他高兴得跳起来："好玩意儿！好玩意儿！"

接着，伽利略先后又制造了几架望远镜，观察物的倍数一架比一架大。他不断观察、改进，到第四架望远镜时，观察远处物体距离可以拉近 30 倍，物体可以扩大到 1000 倍。伽利略想：望远镜既然能看清远处的东西，说不定也能观测到天上肉眼看不到的东西呢！于是，他制造了一架倍数更大的望远镜。

伽利略发明天文望远镜

伽利略第一次用望远镜去观测月球

在一个晚上，伽利略第一次用望远镜去观测月球。他惊喜地发现，月球竟是个“满脸麻子的美人”，有平地、高山，还有火山口那样的环形山。后来，他又发现了木星的4颗卫星，太阳的自转和由无数恒星组成的银河……从而揭开了科学家们用天文望远镜观测、研究天体的序幕。

如今，天文学家们已使用大型光学望远镜、射电望远镜和空间望远镜来探测天体，并且已观测到远在200亿光年（光在1年中所走过的路程等于1光年）处的天体了。

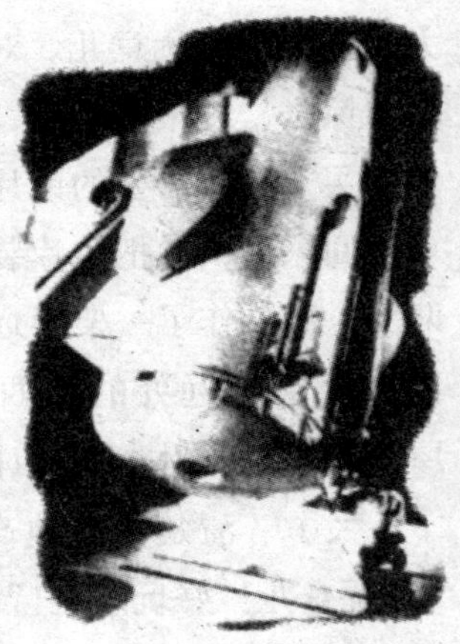

施密特型天文望远镜

显微镜

显微镜，俗称放大镜，它是用来放大物体的光学仪器。由一个物镜和一个目镜组成。能把物体放大几百倍、上千倍。用它可以看到肉眼看不到的东西。

显微镜，是荷兰人列文虎克发明的。列文虎克出生在一个普通工人的家里。父亲死得早，他 16 岁那年离开学校，到一家杂货店当了学徒。

显微镜

杂货店隔壁是一家眼镜店。一有空，他就去看工匠们磨镜片、做眼镜。

一天晚上，列文虎克睡在床上，听着隔壁磨镜片的声音，心想：如兵有副眼镜，能使人看清平时无法看到的东西，那该多好！

列文虎克（1632～1723）

第二天一早，他就跑到眼镜店，把自己的想法跟一个有经验的老师傅说了。老师傅给他讲了自己的一件奇事：一次，他无意中把两片凸透镜叠在一起，看到镜片下的头发丝竟变得像小木棍那么粗。列文虎克听了，心里一亮，拉着老师傅的手，诚恳地说："请你教我磨制凸透镜的手艺吧！"老师傅见他很恳切，就答应了。

从此，一有空，列文虎克就钻到镜厂的角落里，用废镜片学习磨凸透镜的手艺。后来，列文虎克在杂货店学徒期满，到市政厅看门。他除了工作，把所有的业余时间都花在磨镜片上。手艺越来越精，镜片也越磨越细巧了。

眼镜店工匠们正在做眼镜

1665 年春天，列文虎克终于磨制成了一块直径 3 毫米的小凸透镜。用来看鸡毛，一根根绒毛竟变得像树枝一样粗。接着，他又磨制了一块镜片。将两块镜片分别装在一个小铁圆筒的两头，中间设计了一个调节镜片距离的旋钮：镜筒固定在一个金属支架上。这样，列文虎克发明了第一架显微镜。初步的成功，极大地鼓舞了列文虎克，从此，他更加

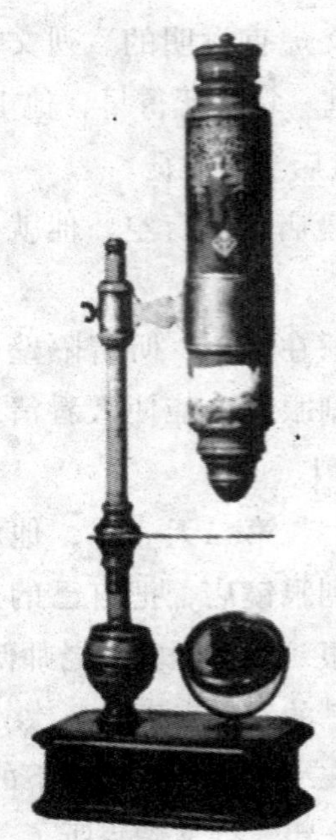

列文虎克使用的显微镜

起劲地研磨透镜。邻居们说他是怪人、傻子，整天干没出息的事情。列文虎克对别人的嘲笑，只当耳边风，继续研磨他的透镜。制造出的显微镜也越来越精巧，以至于能把东西放大 300 倍。他用这显微镜，看到了肉眼所不能看到的东西，如血液里的红血球，水里、泥土里、牙缝里、指甲下的细菌等。

列文虎克显微镜的伟大发明，使英国皇家学会的专家们大为崇敬。1680 年，他被选为学会会员。这对一个几乎没进过学校的看门人来说，是多么崇高的荣誉啊！

温度计

温度计，是测定温度仪器的统称。温度计的类型有多种多样，如水银温度计、酒精温度计、电阻温度计、气体温度计、温差电偶温度计、辐射温度计等。人们用来测定人体温度的温度计，常见的是水银温度计俗称体温计。

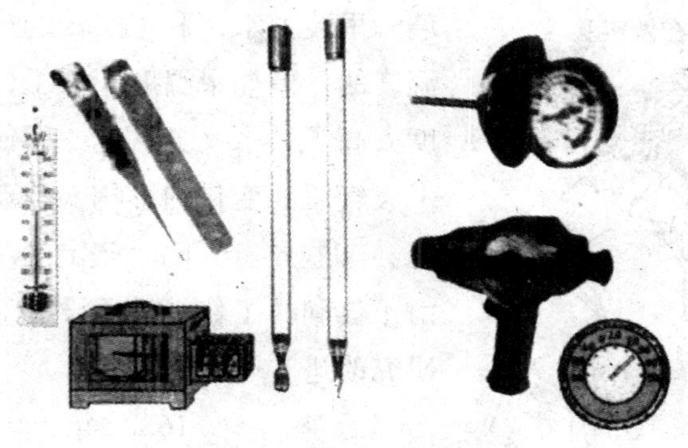

各种各样的温度计

几百年前，温度计还没有被发明的时候，一般人都是用手触摸额头来感觉是冷是热，来测定病人体温的高低。由于人们的手感并不一样，因此，所得到温度的高低数据也没有个准数。直到 1593 年，意大利有个科学家叫伽利略，发明了世界上第一个温度计，才结束了人类寒暑不计，冷热无度的年代。

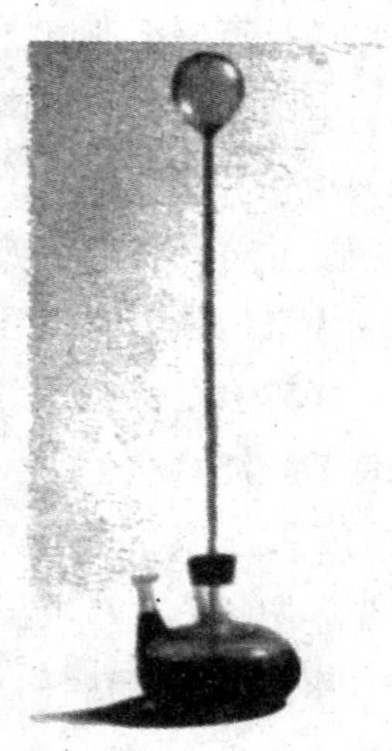

伽利略空气温度计

伽利略原本是学医的。早在 1581 年，他在意大利比萨大学学医的时候，就感到用手测定病人体温高低很不准确。同时，他发现病人体温高低的变化，与病人病情的轻重有密切关系。于是，他设想制造一种温度计，能用来精确测定病人的体温。伽利略想呀，想呀，想了很多办法，但都感到不行。当时，人们已经知道物体有热胀冷缩

伽利略在做实验

的特性。最后，他决定在与温度有关的热胀冷缩原理上做文章。大学毕业后，伽利略当了教授。他白天讲课，晚上还要跟学生研讨学问，或搞别的科研项目，很晚才能回家。这样，他用仅有的一点点时间，坚持研究温度计。经过十年多的努力，他终于在 1593 年制造出了世界上第一支空气温度计。

伽利略的这支温度计很简单，它是在玻璃管里装上水，利用空气的热胀冷缩来测定温度的。但如果温度太低了，水会结冰；温度太高了，水又会汽化。即使温度不变，由于大气压强变化的影响，玻璃管进水的高度也会有差异。因此，测定温度很不精确。但由于伽利略工作繁忙，没能对它作进一步的研究改进。

伽利略在玻璃管里装上水

后来，即 1632 年，法国化学家雷伊，对伽利略的温度计做了改进，但结果还是不怎么理想。这样，又过了 20 多年，意大利的托斯卡纳大公爵裴迪南二世，对温度计发生了兴趣。在他的指导下，由佛罗伦萨院士将玻璃管密封，里面装满酒精，并将刻度附在玻璃管上，设计成了世界上第一支不受大气压强影响的温度计。

1657 年，裴迪南二世把这种温度计送给了波兰皇后的使节。波兰皇后的大臣又把这温度计转送给了法国巴黎的天文学家布里奥。由于这种装酒精的温度计还不够理想，两年后，布里奥将酒精改为用水银，制造出了一支水银温度计。这样，测定温度就比较准确了，应用范围也扩大了。

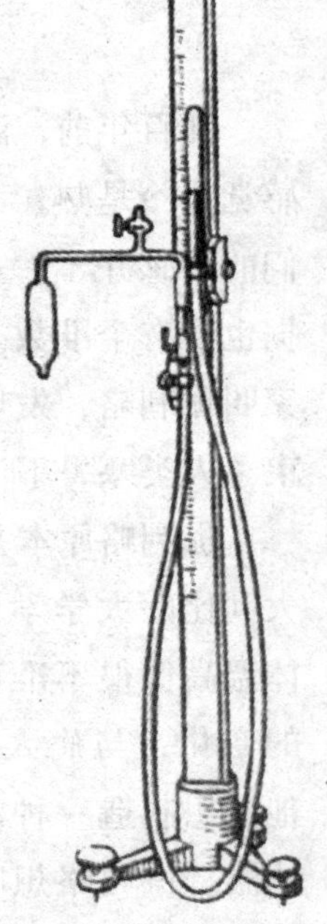
气体体温计

进入 18 世纪以后，物理学、医学和气象学等各门科学都有了新的发展，对温度测量的要求也越来越高。1714 年，德国气象机械制造者华伦海特对水银温度计又作了改进。他把温度选定为三个固定点：0 度、32 度和 96 度。其中，第三点 96 度，就是温度计插入人口或在腋下的温度。因为这种温度计的温度点是华伦海特定的，就用他的姓命名为“华氏温标”。

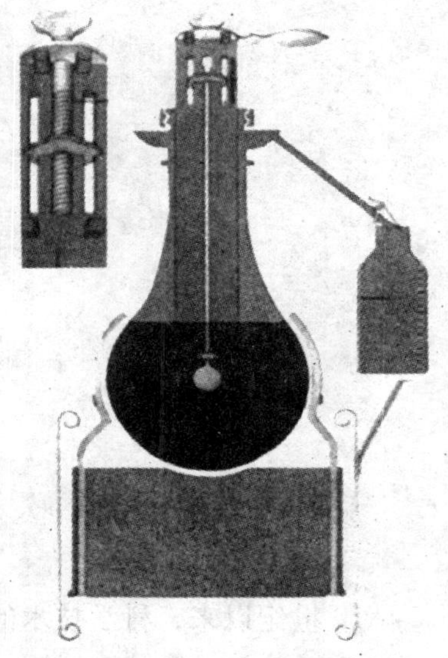
1760 年发明的温度计

1730 年，法国物理学家列奥默，在水的冰点和沸点之间划分为 80 度，创立了“列氏温标”。但他忽略了空气压强的影响，测量结果并不理想。1742 年，瑞典天文学家摄尔萨斯创立了“摄氏温标”。他把沸水的温度定为 0 度，结冰的温度定为 100 度，中间分为 100 个分度。后来，有人把它倒过来，沸水为 100 度。这就是我们今天用的摄氏温度计。

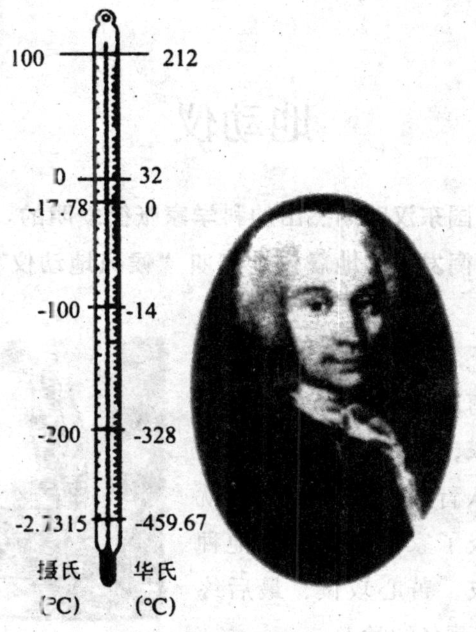

摄尔萨斯和他的温度计

早期的温度计

19 世纪以来，科学技术的迅速发展，为发明更加精确的各类温度计创造了有利条件。除了测量人体温度的普通温度计，先后还诞生了温差电偶温度计、电阻温度计、辐射高温计，以及气体温度计等等，它们为人们的文化和生活，提供了越来越多的方便。

地动仪

地动仪，是我国东汉时期杰出的科学家张衡发明的。它是一种用来探测地震的仪器。张衡发明的地震仪全名叫“候风地动仪”，它是世界上最早的地震仪器。

张衡，号平子，东汉南阳郡西鄂县石桥镇（今河南南阳县城北 25 公里处）人，杰出的科学家，也是当时著名的文学家和思想家。从青年时代开始，他就立志求学。他克服了家境清贫和其他种种困难，求师访友，苦心攻读，最后终于成为京城中比较著名的学者。

东汉张衡发明的地动仪

张衡（78～139）

他被家乡南阳郡太守鲍德看中，到郡里担任了主簿职务。在这期间，他博览群书，并从事天文、历算和文学研究。不久，他被推荐到洛阳任郎中。

东汉安帝元初三年，即115年，任太史令。他利用这个时机，精心钻研天文、地理和阴阳历算，创造发明了天文仪器——浑天仪，成为著名的天文学家。

我们中国是世界上地震频繁的国家之一。自公元92年以后，几乎连年发生地震，震区大至数十郡。有时还同时发生地坼（chè）、地裂、地陷、水涌。此外还经常发生风灾。有一次大风拔树多至三万多株。给人民生命财产造成很大的威胁。有些人说这种自然灾害是天意，妄图为谶（chèn）纬迷信制造证据。张衡为了掌握自然规律和破除迷信，决心制造出一种能观测地震现象的仪器。

于是，张衡反复研究，经过多年的努力，在公元132年，终于制造出了一架地震仪器，叫地动仪。它的外形像带盖凸肚的茶杯。上口略小，扣个圆盖，仪器内部中间设有“都柱”（即中枢机械），柱的旁边通着八条道，每条道上都设有发动机关。仪器外部铸着八条龙，对准东、南、西、

张衡决心制造一种能观测地震现象的仪器

学者和官僚们议论、讥笑张衡的地动仪不准

北和东南、东北、西南、西北八个方向，垂直向下，翘着头，嘴里含着一粒小铜球，正对着下面八只蹲着的蛤蟆嘴。哪个方向发生地震，哪个方向龙嘴里的铜球就会自动掉下来，落在下面蛤蟆的嘴里。这样，就知道哪里发生地震了。

张衡的地动仪制造成后，安置在京都洛阳。公元 138 年 3 月 1 日，地动仪向西方向的龙嘴里掉下了铜球。这说明洛阳以西发生了地震，但京城洛阳没听到什么地震动静。一些学者和官僚们议论纷纷，讥笑张衡的地动仪不准。几天后，信使来报，陇西发生了地震。从此，它开创了人类使用科学仪器观测地震的历史。

遗憾的是，地动仪创造出来后，没有受到足够的重视。这一成果不仅没有得到应有的推广和发展，而且就连地动仪本身也没有加以保护而留存下来。有人认为，张衡地动仪里面的构造设计原理，可能在隋唐时期传到了波斯（今伊朗）和日本。

62 型短周期地震仪

现在测量地震的仪器与张衡创造的地动仪是另一种类型的仪器，它们是 19 世纪中叶才开始研制的。这比张衡研制的地动仪晚了大约 1700 多年呢。

指南针

指南针是用来辨别方向的工具。它是用磁石（吸铁石）制成的。指针一头指南，一头指北。人们旅行、空中飞机飞行、海上轮船航行、军队行军等等，有了指南针，就不会迷失方向。

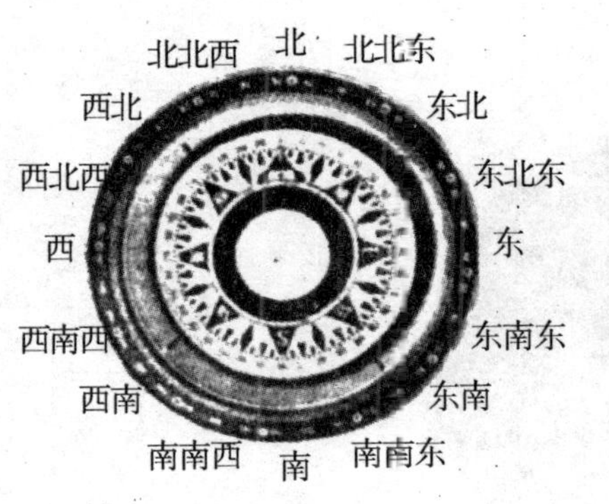

航海指南针

无线电测向仪

指南针，也是我们中国人发明的。因为时间太久远了，没有文字记载，也就无法知道谁是它的发明人了。

司南

最初的指南针叫司南。它是一块天然的磁铁，被琢磨成勺子的形状，磁铁的南极琢磨成勺柄，磁勺的重心在底部的正中央。使用时，把磁勺放在一个光滑的底盘上，用手拨动勺柄，使它转动。停下后，勺柄指的一方，就是南方，勺口一方，则是北方。司南是世界上最早的指南针。后来，为了战争和海上航行的需要，有人又发明了一种新的指南工具，叫指南鱼。

指南鱼的制作方法是：把薄铁皮裁剪成鱼形，放在炭火中煅烧。烧红后取出，把鱼尾蘸入冷水中退火磁化。这样，一条指南鱼就制成了。使用时，在没有风的地方，将指南鱼放在一碗水里，它会像小船一样浮在水面上。等它静止时，鱼头所指的方向就是南方，鱼尾一边则是北方。

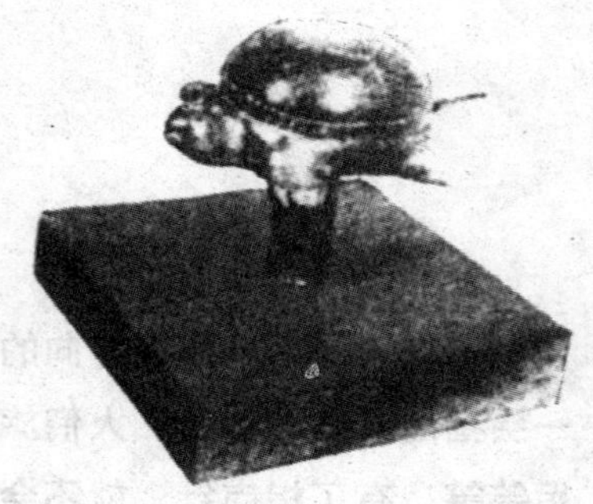
远代指南龟

当时，除了铁片的指南鱼，还有用木头做的指南鱼和指南龟。木做的指南鱼，是在嘴部挖一个洞，塞进一块磁铁，用蜡封口，再插入一根针。使用时，把它放到水面上，鱼头针指的方向就是南方。

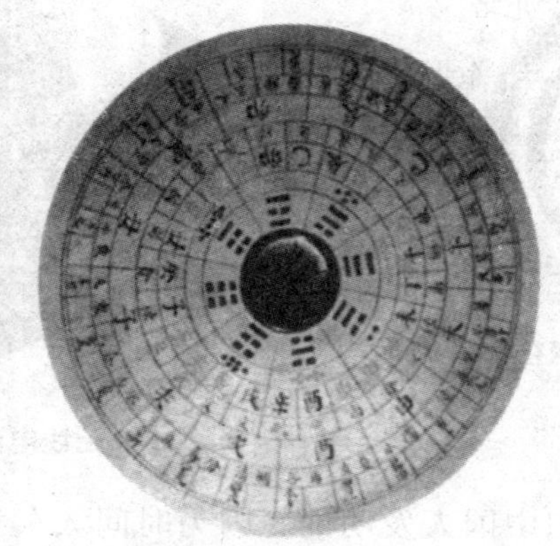
中国古代罗盘

木做的指南龟与指南鱼不同。它的磁铁和针安在龟的尾部，肚皮上挖个小洞，顶在光滑的竹签上，便于自由转动。静止时，龟尾指的方向便是南方。

1775 年由约瑟夫·卢在马塞制造的航海指南针

之后，又有人发明了一种更好、更方便的人工磁化法，即用天然磁石摩擦钢针的一头，使钢针磁化。这可说是正式的指南针了。这种磁化钢针的使用方法很多。有把钢针插在灯芯中，浮在水面的；有把钢针放在手指上的；有把钢针放在碗口上的；还有在钢针中间拴根丝线吊起来的等等。针尖指的方向就是南方。

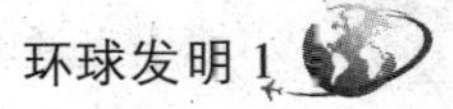

后来，人们改进了磁化钢针的使用方法，做成了罗盘，也就成为今天这样真正的指南针了。

指南车

指南车，不要说现代人，就是很早以前的人也没见过。它是我国古代用来指示方向的一种机械仪器。它能在任何情况下给人指明南方，从而可使人辨别自己要去的方向。它是公元3世纪我国古代科学家马钧发明的。

马钧，字德衡，陕西扶风人，是三国时期魏国的机械制造家。少年时代马钧家境贫寒，靠自学读了些经史书籍。后来做过博士。但因出身寒门，常常受到排斥和打击。于是他发愤自学，博览群书，特别是对“工艺学”发生了浓厚兴趣，也经常挤时间钻研，试做各种机械工具。这为他以后的发明创造打下了良好的基础。

指南车

有一天，在朝廷上，一群官吏们议论能不能制造指南车的事。许多人认为这是不可能的事。当时被人们誉为学识渊博的散骑常侍高堂隆说：“传说古代有指南车，但书上没有详细记录，不足凭信！”骁骑将军泰朗也

马钧决心创造指南车

说，古代的传说不可信，不会有什么指南车。

马钧说："古代确有这种发明，尽管现在看不到详细材料，但从原理方面来看，只要肯用心思，制造指南车并不是太难的事。"马钧是讲究实际的人，他下定决心，要创制出一架指南车来。

马钧开始动手制造指南车了。可一无图纸，二无资料，真困难！但他没有被困难吓倒，而是以顽强的毅力、百倍的信心和决心，凭借自己掌握的齿轮构造和传动原理，发扬敢想敢干的精神，进行了反复的试制。没有多长时间，他终于制造成功了一架指南车。

马钧创造出了指南车

马钧的这架指南车，无论在硝烟弥漫的战场上，还是在长途跋涉的行军途中，车上木人的手总是指向南方，这是我国古代一项了不起的创造发明。当时史学界的人称赞马钧是由"天不知其巧"到"天下服其巧"的人。当代英国科学史学家李约瑟博士在考察了这架指南车后，称它是人类历史上第一部全负反馈自动平衡机，他说："指南车可能是第一台自行校正偏差的自控机。"

游标卡尺

游标卡尺，是一种有游标刻度的量具仪器，主要由一根刻有整数数值的主尺和一根能移动的副尺（游标）所组成。测量时，移动副尺，与主尺相配合，能测得机械加工部件的内外、深度、高度等尺寸，精度可达0.05～0.02毫米。

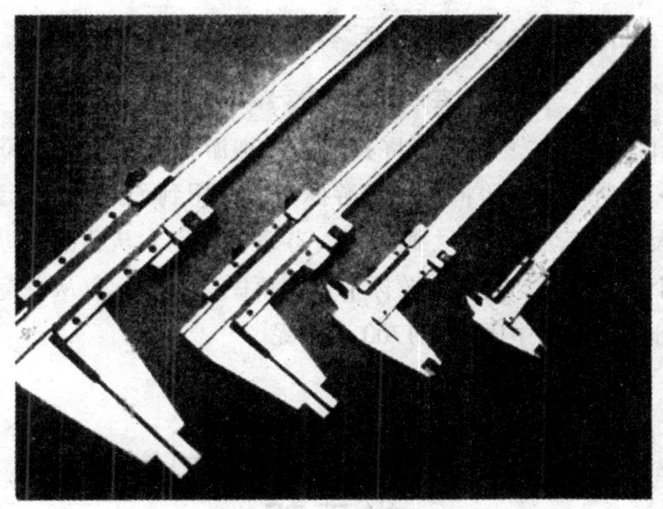

不同规格的游标卡尺

根据史料推测，大约在公元1世纪以前，我国就发明了游标卡尺。现在发现最早的游标卡尺，是王莽称帝的第一年，即公元9年制造的，距今已有1900多年的历史。经研究，这根游标卡尺是用青铜制造的，长14.22厘米，由固定尺和活动尺（游标）两部分组成。在固定尺的中间开有导槽，活动尺上装导销，可使活动尺沿固定尺导槽左右移动。尺的正面刻有寸、分等计量单位，背面刻有“始建国元年正月癸酉朔日制”等字样。这充分说明这根卡尺是在公元9年古历正月初一制造的。它和现代的游标卡尺十分接近。这说明我国古代人民是多么了不起呀！

那么，欧洲各国是什么时候发明游标卡尺的呢？目前还不清楚。据记

达·芬奇设计了游标卡尺的草图

载，1631 年，彼埃尔·维尔涅将我国的一把游标卡尺传到了欧洲。1638 年，威廉·加斯科尼开始将螺旋式游标卡尺应用到天文学的研究工作上。另外，意大利的著名科学家、画家达·芬奇曾在别人从我国引进游标卡尺之前的一个多世纪设计过一张游标卡尺的草图。所以，仅从游标卡尺使用来讲，欧洲也比我们中国晚了 1700 多年呢。

常平架

常平架，很少人听到过这个名字，但顾名思义，它是一种能在任何情况下始终保持平衡的装置。在现代航海、航空技术中用来导航和自动领航的磁罗经、电罗经都采用这种装置，从而保证轮船、飞机在颠簸、转侧等情况下始终保持磁罗经或电罗经的平衡状态。

常平架，这是我们中国人的叫法。在欧洲最早出现于公元 9 世纪，称为“卡尔达诺悬体”，据说是意大利医生、数学家卡尔达诺发明的。其实，卡尔达诺既没有发明，也没有制造过常平架这种装置。他只是于 1550 年在他的一部著作中对常平

陀螺仪

架作过描述，因此，后人就用他的名字命名，称为“卡尔达诺悬体”了。但是，常平架这种装置，我国早在公元2世纪就已经出现了。

被中香炉

据《京西杂记》记载，我国西汉年间，有个叫丁缓的工匠，曾经制成早已失传的“被中香炉”。这种香炉的构造是：几个环相互套在一起，最里面是一个小香炉，炉体靠自身重量控制，不论外层各环如何转动，炉体始终保持平衡状态而不被翻倒。因此，把它放在被褥里时，无论如何翻滚，炉内的炉火、炉灰也不会撒出，也不会烧灼被褥。

丁缓重制“被中香炉”一事，说明在他之前，就已有古人发明出常平架了。

在我国古代，人们还利用常平架的原理，制作出了许多具有其他用途的物品，如滚灯、香球、灯球、银袋、香篮等。其中滚灯，如今在南方农村还能见到，这就是春节舞龙灯时，引龙人手持的“夜明珠”。这种灯要

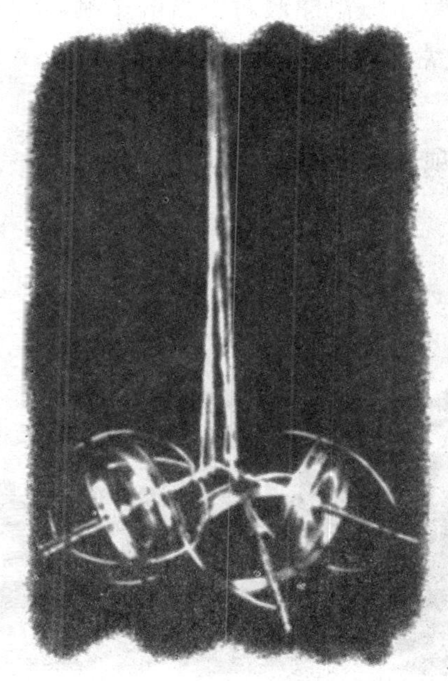
陀螺罗经

装在一根长棍顶端，里面点上蜡烛，任凭引龙人如何持灯杆上下、左右舞动翻滚，“夜明珠”里的蜡烛则总是保持平衡不倒。而且龙灯节的插蜡烛装置，也是采用常平架的原理设计制作的。因此，不论龙灯如何舞弄，龙体内的蜡烛也总是平衡不倒、不灭，也不会点燃龙灯。

汉族舞龙

公元9世纪时，我国的常平架传入欧洲。公元16世纪时，意大利著名画家达·芬奇也提出过类似的设计。后来，著名科学家罗伯特·胡克等人，利用常平架原理制造出了“万向接头”，并将其应用到汽车上，借以自动传输能量。

罗伯特·胡克

18世纪后期，我国的航海家们，开始把罗盘安置在常平架内，避免了海浪颠簸对罗盘的影响。现在世界各国都已把常平架应用到了航海、航空的磁罗经和电罗经上。这是我国人民对世界科学的发展所做出的又一项巨大贡献。

1858年的蒸汽船

交通运输

自行车

自行车，又叫脚踏车、单车。是一种以人力驱动的简便交通工具。由车架、前叉、车把、前后轴、中轴、脚蹬、飞轮、前后轮、链条、鞍座、前后闸等部件组成。一般分男式和女式两种。男式车梁是平直的；女式车梁是呈弧形向下弯曲的。

直梁自行车

斜梁自行车

自行车，是于 1791 年由德国人西弗拉克发明的。他在玩具木马的腿上装上两个木轮等部件，称为“木马轮”。从木马轮到今天这样的自行车，其间许多人为其发展付出了努力。

骑乘木马轮时，骑车的人要用双脚交替蹬地，滚动前进。由于没有刹车，停车时要用脚踩地；转弯时，人要下车，抬起前轮，来个大回转。

木马轮

后来（1817 年），德国人德莱斯，看到木马轮转弯时，人下来上去很是麻烦，便发明了车把。这样，骑车时，直行或转弯可由骑车人坐在木马轮上直接操作，减少了转弯时上下车的麻烦。

这样，又经过了几十年，到了 1839

装车把的木马轮

年，英国的麦克米伦将能转向的木马轮改为后轮大、前轮小的钢轮，并在后轮上装了两个曲柄，用连杆将脚蹬连接起来。这样，骑车人只要两脚蹬动脚蹬，车轮就会转动，车子就前进了。

又过了几十年，到了1865年，法国的机械师拉尔门，设计制造了一台前轮很大，后轮较小的自行车。他把脚蹬直接装在前轮曲柄上，座位也移到前轮上。

后轮大前轮小的自行车

这台自行车，车身是木头的，车轮是铁的。在坎坷不平的小道上行走，颠簸(diānbǒ)得使人受不了，又因前轮太大，人坐在上面像表演杂技似的，车子下坡时，常发生翻车事故。所以，问世才20年，就被一种新的自行车代替了。

新自行车是英国人劳森发明的。他把前后车轮做成一样大小，脚蹬和链轮移到前后轮之间，并增添了刹车装置。就和现在的自行车基本一样了。

但是，劳森制造的自行车，车轮还是铁制的，骑乘起来，仍然是颠簸得很厉害，有人称它为“震骨器”。怎么解决这问题呢？10年后，这问题才被邓洛普所解决。

英国人劳森发明的和现代的自行车基本一样的自行车

邓洛普，是英国爱尔兰的一个兽医。一天，读中学的小儿子马斯特告诉他学区要举行自行车比赛，学校推选他参加竞赛。他自己决心要夺个冠军回来。

邓洛普的小儿子决心得比赛第一名

邓洛普想：儿子平时很爱骑自行车，骑自行车的技术在学校是数一数二的，在技术上问题不大，但是，为了稳妥起见，还必须对自行车进行适当改革。一天，邓洛普独自一人在公园散步，边走边想着改革自行车的事。他来到花房门前，见一个花匠正拉着橡胶水管浇花。他想：橡胶管有弹性，往里充足空气，套在自行车轮上，不就能跑得更快吗?

邓洛普用橡胶做轮胎

回家后，他叫儿子到商店买来橡胶管，连夜动起手来。他根据自行车轮的大小把橡胶管弯成圆环，两端接头用胶粘牢，然后在管里打足气，套在自行车轮上再用绳绑扎结实。这样，带有充气橡胶管的车轮就做好了。

竞赛那天，各学校来了许多学生，看台上人山人海。裁判员一声枪响，赛手们像离弦的箭，向前疾驶而去。马斯特始终遥遥领先。赛程 2000 米，骑行 5 圈，他领先 1 圈到达终点，夺得了冠军。

马斯特夺得比赛的冠军

顿时，整个看台上的人群沸腾起来，鼓掌、欢呼，人们纷纷涌向马斯特，想看看到底是什么奥秘使他创造了这一奇迹。“噢，原来是自行车轮子的外面加装了充气轮胎!”从此，现代自行车的式样就基本固定下来了。

现在，随着时代的发展，自行车也在不断地改变面貌，更新换代，出现了许多式样新颖、功能多样的现代自行车，如变速自行车、越野自行车、竞赛自行车、多轮自行车、电动自行车等等。

各种自行车

摩托车

摩托车，是一种小型机械交通工具。主要由车把、发动机、车身、车轮等组成。分两轮摩托车和三轮摩托车两种。两轮摩托车主要供单人骑乘和体育比赛用；三轮摩托车常有斗车，除供人乘坐外，也可供武警部队使用。

摩托车的老祖宗是自行车。100 多年前，自行车诞生后，特别是蒸汽机的发明，人们就想到为它配上发动机，使它成为能自动行驶的车子。

两轮摩托车

不久，在美国和法国先后有人把蒸汽机安装在自行车上，制造成了各种蒸汽自行车。但是，由于这种蒸汽自行车有烟尘太大，炉渣难于清除，锅炉易爆炸（bàozhà）等缺点，因而未能得到普及推广。

蒸汽机自行车出现后，有人还制造了弹簧（tánhuáng）自行车（1893

三轮摩托车

年，美国人莱布)、气压三轮自行车（1894 年，法国人瓦利）等，但由于存在弹簧的能量不够，压缩气体有限和其他问题，上述发明都未能成功。

正当人们在寻找自行车动力的时候，德国工程师戴姆勒于 1885 年制造了一台木架汽油发动机自行车。它装有自动进气阀等，具有现代摩托车的特点，时速为 12 公里，被称为“第一台机动车”，可以说它是世界上第一台摩托车。

第一台摩托车

真正可称为“摩托车”的，是 1894 年德国人希尔登布兰德兄弟制造的内燃机自行车。他们在车轮上使用了充气轮胎，后轮上还装有散热器。从此，摩托车的名字在世界各地传开了，并一直沿用至今。

从 1894 年希尔登布兰德兄弟制造成双缸、充气轮胎摩托车以来，经过近百年的变迁，摩托车已逐渐实用化，不仅在人民生活中、国防和体育上起着重要的作用，而且发展迅速，出现了各种各样的现代摩托车。

我国自改革开放以来，工农业生产蒸蒸日上，摩托车制造业也得到了迅速的发展。全国许多省市生产出了各种类型的摩托车，如轻便型摩托车、三轮摩托车、越野摩托车等等，满足了城乡人民的需要。

现代摩托车

汽　车

汽车，原称自动车。是一种能自行驱动的无轨车辆，是当前重要的交通运输工具。主要由发动机、底盘和车身组成。一般都由汽油机作动力，故简称汽车。

汽车的老祖宗是马车。古时候，人们出门，乘坐上马车，那是最方便，也是最时髦（máo）的了，而且，至今有些地方还使用着呢。

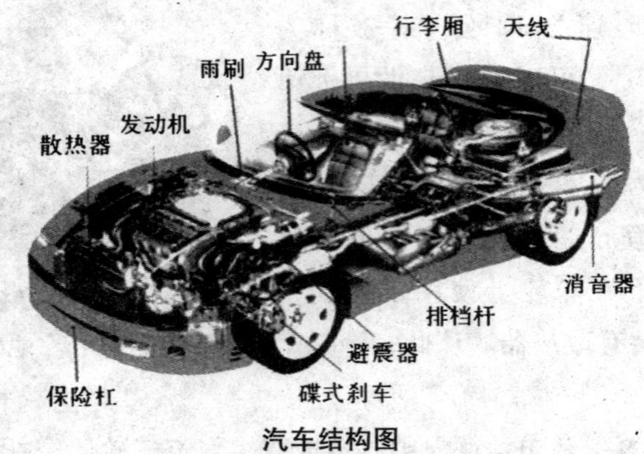

汽车结构图

后来（15 世纪），人们设想：能不能给马车装上某种装置，使马车不用马拉就能行驶呢？于是，有人就制造了人力机械车、弹簧力车、风力车等，但这些车都有各自的缺点，还不如马车快和灵活方便，也就逐渐被淘汰了。

1680 年，英国的著名科学家牛顿设计了一种喷气蒸汽汽车。但汽锅产生的蒸汽压力不够，推动不了车子，没能成功。蒸汽机发明后，法国一家兵工厂有个军官，叫尼古拉·库诺。他看到拉大炮要用好几匹马拉，费力又费时，就想：能不能用蒸汽机来代替马拉大炮呢？

1769 年蒸汽汽车

说干就干，库诺于 1769 年制造

出了一台蒸汽汽车。但试车时，速度很慢，还要不断停下来加水。朋友们说："你这车走走停停，还不如我们步行快呢！""算了吧，还是用马车来拉大炮吧！"

1866 年煤气内燃机汽车

但是库诺没有放弃试验。有一天他把车子开到大街上，因为没有刹车，车撞到墙上，他闯了大祸。房屋主人把他告到司法部门，他被禁止试验。就这样，世界上第一部汽车被扔进了垃圾堆。

后来，人们把库诺的蒸汽汽车做了改进。于是，在英国、法国、德国等一些国家，相继出现了各式各样的蒸汽汽车。

1885 年汽油内燃机汽车

后来，德国奥托于 1866 年还研制成了煤气内燃机汽车。这种车较小，转动也较平稳，但车上需要带个大的煤气发生炉给它提供煤气。由于煤气炉又大又重，没被推广使用。

今天的汽车是用汽油作动力的。这种汽车是由德国机械师卡尔·本茨发明的，他用汽油作动力，研制成了三轮汽油内燃机汽车。它每小时可行驶 6. 5 公里，被称为"自动车"。这是汽车最早的名字。1886 年，戴姆勒也研制成了 4 轮汽油内燃机汽车。从此，现代内燃机汽车就正式诞生了。

1866 年四轮汽油内燃机汽车

但那时的汽油内燃机汽车操作还是比较复杂的，真正使汽车操作变得简便了的，是美国亨利·福特制造的汽车。当时（1891 年），他在爱迪生的照明公司工作，业余时间就钻研汽车制造技术。父亲、邻居都说他不务正业，尽干些莫明其妙的事，是个饭桶。

美国汽车大王亨利·福特

但是，福特并不泄气。他刻苦钻研，努力工作。不久（1893 年），就研制出了一台操作简便的汽车。之后（1896 年），他自己创办了汽车公司，并不断改进，制造出了一台比第一台更完美的新型汽车。人们称他为“汽车发明大王”。

在汽车家族中，还有一种用柴油作燃料的柴油内燃机汽车。这种汽车是 1893 年德国人狄赛尔首先研制成功的。经过不断改进，产生了今天的载重大卡车、重型运货汽车等。

1893 年柴油机内燃汽车

汽车最初出现时，世界各国的大小城镇还多是为马车行驶修筑的石头路面。而今，为了汽车行驶方便，这些城镇都已修筑了柏油的或水泥的公路，而且还修筑了大量的高速公路，可以说，汽车改变了原野和城镇的面貌。

从 1885 年本茨发明第一辆汽油内燃机汽车至今，仅 100 年，世界各国就已出现了各种各样的汽车。过去，我国不能造汽车，而今也能制造各种各样的汽车了。这是多么了不起呀！

赛车

电 车

电车，是一种城市公共交通车辆。由电作动力，故称电车。有有轨电车和无轨电车两种。由于有轨电车在城市中行驶时噪声太大，而且铺设钢轨需用大量钢铁，现在已被逐渐淘汰了。

无轨电车

电车，是1842年美国的达文波特发明的。他是个铁匠。有一天，他坐马车回家，看到马拉着车子在铁轨上行驶，既慢又颠簸，就想：能不能用电动机来代替马“拉”车呢?

达文波特回家后，就动手制造了一个小车，装上了小马达和电池。然后把马达的电源接通，小马达就突突地响了，车轮滚动，车子慢慢地向前行驶了。这就是世界上第一辆电车，不过，它仅仅是个模型。

1842 年的电车

第一辆能载人的电车，是1842年英国的工程师罗伯特·戴维森制造出来的。车上装的是蓄电池和马达。能乘坐两个人。但由于蓄电池的电量太少，走不多远，车子就不走了。因此，他的电车没能在交通运输上使用。

正式使用电车的人，是德国工业家

维尔纳·西门子（1816～1892）

维尔纳·西门子。18岁那年，他为了学习更多的知识，进了柏林炮工学校。32岁的时候，和别人一起开办了一家电器公司。

1879年5月31日，柏林举行了一次大规模的工业展览会。会场铺着一条环行铁路，上面有一辆电车，里面乘坐着20个人，司机正是发明人西门子。电车以时速24公里的速度绕着会场行驶，吸引了不少前来参观的人。

1881年，西门子在柏林市郊铺设了一条电车轨道，正式将电车放到室外用于运输。后来发现，电车用铁轨作电流导线，在市区内行驶容易使行人触电。于是，他把导线改为电线架设在空中，这就是有轨电车。

1910年无轨电车出现

后来，美国人把有轨电车的车轮由铁轮改为胶轮，加设了一根架空电线，一根电线作电流的来路，另一根作回路。这样，于1910年，在美国的街道上又出现了无轨电车。

火　车

火车，是“列车”的俗称。因为铁路上最初使用的是蒸汽机车，烧煤，故称火车，它由机车（火车头）和车厢组成，是用来运送旅客和运输货物的现代交通工具。

火车是英国人斯蒂芬森发明的。1781年，斯蒂芬森出生在英格兰一个煤矿工人的家庭。全家8口人，全靠父亲一个人做工维持生活。因为家穷，他没钱上学读书，8岁就去给人家放牛。

蒸汽火车

有时，斯蒂芬森到煤矿给父亲送饭，看到轰隆隆的蒸汽机，感到十分新奇。放牛时，经常用泥捏蒸汽机的模型，梦想将来也能造出一台真正的机器。

14岁时，斯蒂芬森跟随父亲到煤矿当见习司炉，给机器添（tiān）煤加油，擦机器。由此他知道了机器的一些结构、运动原理，并且更加喜爱上了机器。他把机器擦得干干净净，每天一身油污，也不觉得苦。

斯蒂芬森（1781～1848）

斯蒂芬森初步弄清了蒸汽机的构造后，就模仿着做了一台小机器，但没有成功。他深深地感到，没有文化就很难进行创造发明。当时斯蒂芬森17岁，还是文盲，但困难没有把他吓倒，他报名读了夜校。

这样，他白天工作，晚上到夜校学习。平时还把书本揣在口袋里，一有空就如饥似渴地攻读，经过几年的拼搏，他不仅学会了文化，还弄懂了有关蒸汽机的专业知识。

一年，矿上一台蒸汽机出了毛病，许多机械师都查不出原因。斯蒂芬森说：“我来试试。”机械师们都讥笑他不知天高地厚。然而，他一动手，机器又隆隆地转动起来了。

斯蒂芬森研制火车

这时，斯蒂芬森29岁，煤矿经理正式聘请他为机械师。两年后，又提升他为总工程师，从此，斯蒂芬森的发明创造，进入了一个新的时期。

当时，煤矿上运煤是用马拉的车，虽然已铺了铁轨，但速度还是慢，跟不上生产的需要。他就想：能不能制造能走的蒸汽机车来代替马拉的车呢？经过几年努力，他终于在1814年制成了一台名叫“半统靴号”的蒸汽机车。这台机车能拉动30多吨货物，是世界上第一台有使用价值的蒸汽机车。

但是，这台蒸汽机车速度慢，震动得很厉害，放汽声尖得刺耳，人们挖苦斯蒂芬森说：“你的火车怎么比马车还慢呢？”“你的车不中用，声音倒挺（tǐng）管用，把羊都吓跑了！”对人们的冷嘲热讽，斯蒂芬森并不灰心，而是根据机车存在的毛病，不断进行改进，最后又制造成了一台新的蒸汽机车，减轻了震动和放汽声，速度比以前提高了3倍，从而改变了原来煤炭运输落后的面貌。

蒸汽机车在煤矿运输上的成功，引起了人们的极大兴趣。1823年，英国政府决定在斯托克顿和达林顿之间修建一条铁路，由斯蒂芬森任总工程师。斯蒂芬森根据铁路运输的需要，设计制造了世界上第一台新型的蒸汽机车——“旅行号”。

世界上第一台蒸汽机车——“旅行号”

1924年9月27日，举行了试车典礼。汽笛一声鸣叫，斯蒂芬森亲自驾驶着机车，拖着30多节客货混合车厢，载着乘客450名、煤和面粉等，总载重90吨，时速24公里，开出了车站。人们跟着奔跑着、欢呼着：“成功啦！成功啦！”

德国克劳斯·马菲公司研制的“高速交通2号”

近几十年来，铁路和火车又有了惊人的新发展。在蒸汽机车之后，又出现了内燃机车、电气机车以及时速高达500公里的磁悬浮气垫火车。但人们将永远不会忘记放牛娃出身的斯蒂芬森。

气 球

气球有两种。一种是在气囊里充轻气（氢气、氦等、的气球；另一种是在气囊下挂吊篮生火，借助热气使气球升空的热气球。这两种气球可用来作大气研究。跳伞训练、侦察敌情等。

距今天 1000 多年前，我国五代时期，有一位名叫莘（shen）娘的女将。在作战时，她让士兵用竹篾（mie）扎成纸灯，下面用松脂点燃，借助热气上升的力量把纸灯升向天空，作为信号，指挥部队采取统一的军事行动。这可算是世界上最早的热气球。

各种轻气球、热气球

在三国时候，蜀国的诸葛亮，在向吴国进攻时，也曾让士兵用竹篾扎成纸灯，放到天上，作为军事行动的信号，称为“孔明灯”。

1709 年的一天，葡萄牙国王接到牧师古斯芒的一份报告，声称他制造出了一种可以飞上天去的小船，请求国王准许他到王宫里做一次表演。国王很感兴趣，答应了古斯芒的要求。

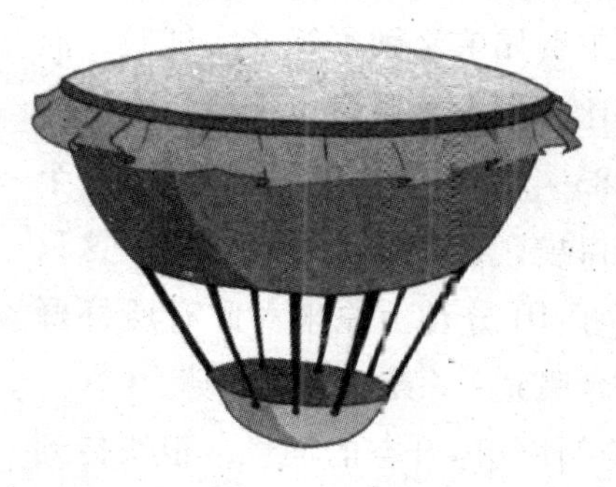

能飞上天的小飞船

8 月 8 日，古斯芒带着他的小飞船来到了王宫。小飞船外形像个小盆，上面蒙着一块帆布，小船没有底，下面吊着一个盛放燃料的小盆子。古斯芒对国王说：“只要在小盆里倒一点酒精一类的燃料，点燃了，热空气上升，小船也就会被推着升上空中了。”

表演开始了，古斯芒点燃小盆里的酒精，很快，盆里的火越烧越旺，小船真的慢慢地飞了起来。国王和观看的人不禁欢呼起来：“好呀！小船飞啦！”突然，小船撞到大厅的墙上，被火烧毁了。

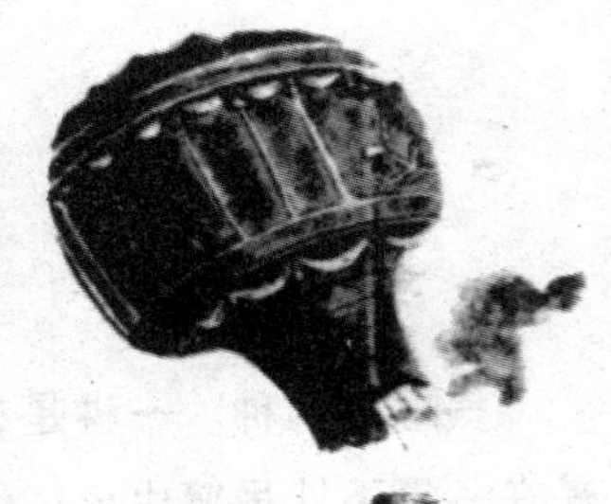

蒙哥尔费兄弟表演热气球升空的场面

真正使用热气球升空成功的是法国人蒙哥尔费兄弟。他们是造纸厂的工人。1782 年 11 月的一个夜晚，兄弟俩坐在壁炉旁烤火。他们一边聊天，一边往炉子里添加纸片，浓烟把纸灰冲上天花板。这事给兄弟俩很大的启发：既然浓烟能够把纸灰冲到天花板，也许利用浓烟还能将人送上天呢？

兄弟俩说干就干，连夜缝制了个丝绸口袋。然后把袋口对准了冒烟的炉子。一部分浓烟进了口袋，绝大部分却漫（màn）散在屋里。最后，袋子虽然鼓了，但始终装不满，也飞不起来。

火光和黑烟把邻居的一位老太太吓了一跳，过来一看，见是蒙哥尔费兄弟在往口袋里装烟，觉得很好笑，便说："你们想将烟灌满口袋，应把口袋套在烟囱上，烟就跑不掉，口袋就能很快灌满了。"

第二天，兄弟俩爬到房顶上，按老太太说的办法，把口袋套在烟囱上。果然，不一会儿，口袋里就灌满了烟，而且口袋越鼓越大，居然扯也扯不住，呼的一下，口袋猛然飞到天上去了。兄弟俩高兴得欢呼起来："成功啦！成功啦！"

为纪念蒙哥尔费兄弟特制的纪念币

接着，蒙哥尔费兄弟又做了好多次试验，而且口袋做的一次比一次大，口袋也飞得一次比一次高。一次（1783 年 6 月 4 日），他们做了一个直径 10. 6 米的口袋，在广场上公开试验。这只口袋在空中飞行了 10 分钟。原来对此有所怀疑的人也不禁惊讶地喊道："真的上天了！"

蒙哥尔费兄弟使气球升空的消息，很快传到了法国首都巴黎。法国科学院闻讯，立即把研究升空气球的任务交给了年轻的物理学家查尔斯。

不久（1783 年 8 月 26 日），查尔斯制作成

了一个直径 4 米的氢气球。试飞时，随着一声令下，牵拉着气球的绳子松开了，在人们的欢呼声中，人类第一个氢气球升上了天空。

氢气球在空中飞行了 55 分钟。当它落在 22 公里外的田野里的时候，迎接它的不是欢呼的人群，而是一群手执大草叉的农民。原来当地的牧师告诉他们，这个在空中飞行的气球是“魔鬼的创造物”。信教的农民对它又恨又怕，当气球降落后，都不敢靠近它。后来，有人开枪把气球打破了，人们才一拥而上，刀叉齐下，把气球撕扯得粉碎。

农民撕毁了飞行的气球

就在查尔斯忙着制作另一个氢气球时，蒙哥尔费兄弟带着一个直径 12 米的热气球来到巴黎，奉命为国王和王后表演热气球。为让国王和王后有个更深的印象，兄弟俩在气球下方的吊筐里放了 3 只小动物——绵羊、公鸡和鸭子。

三只小动物被放在热气球里升上天空

表演这天（1783 年 9 月 19 日），凡尔赛宫前面的广场上，人山人海，国王和王后也带着满朝文武官员到现场观看。表演开始了，充满热气和浓烟的热气球飞上了天，升到了 450 米的高空。8 分钟后，降落在 3 公里外的森林里。着地时，公鸡急于跳出吊筐使胸部受了点伤，绵羊和鸭子都平安无事。

这次试验成功后，蒙哥尔费兄弟马上又设计了一个更大的气球，并且提出，这一只气球将进行载人飞行。国王答应了兄弟俩的要求，并找来了几个死刑的犯人，还特许：只要他们肯升空，飞行之后马上恢

表演这天，广场上人山人海，充满热气和浓烟的热气球飞上了天

1783 年 11 月 21 日第一个载人热气球升空

复自由。

这事被科学博物馆的两位年轻科学家罗齐尔和达尔朗德知道了。他们来见国王，提出：人类首次上天飞行是件光荣的事，不能让两个犯人去担任飞行任务。并表示："我们来飞！"国王认为他们说得有道理，于是就同意他俩来做这次试验飞行。

1783 年 11 月 21 日，是热气球载人试飞的日子。观看的人比上次还多，连房顶上都站满了人。为了给气球继续加热，吊筐里还放了火盆。试飞开始了，蒙哥尔费兄弟放开绳索，气球载着两位航空先驱者飞升到 1000 米的高空，越过巴黎市区，飘行了 25 分钟，最后安全地降落在 9 公里外的地方。

1783 年 12 月 1 日在巴黎也进行了载人飞行

就在蒙哥尔费兄弟的载人热气球试飞成功后的 12 月 1 日，查尔斯的氢气球，在巴黎也进行了载人飞。这次飞行，气球在空中飞了几个小时，一直上升到 3000 多米的高空，实现了人类首次氢气球载人飞行。

气球的出现，宣告了人类航空事业的开始，从而使得人类有可能实现"飞天"的宏愿。今天，当我们乘坐飞机，遨游世界的时候，又怎能忘记气球的发明者——蒙哥尔费兄弟和查尔斯等航空事业的奠基人呢？

蒙哥尔费兄弟

滑翔机

滑翔机是没有动力装置的飞行器。外形像飞机，主要由机身、机翼、机尾、起落装置和操纵装置组成。不能自行起飞，依靠飞机拖带，或汽车、绞车带引。飞升后，能在空中作某些特技动作。多用于航空体育活动。

世界上第一个想像鸟一样在空中作飞行实践的人，是11世纪20年代的英国人奥利弗。他在自己的两只胳臂上绑上了“鸟的翅膀”，从高处往下跳，可是，双腿和双臂都跌断了。

第二个作飞行实践的人，是个意大利人，叫约翰·达米恩。1507年的一天，他站在斯多林的城堡上，身披鸡毛制作的翅膀，振翅向天上飞去。然而，他马上像一块石头，“扑通”一声落在了地上，摔断了一条腿。

前人的经验教训，使人们逐渐认识到：人要像鸟一样飞上天空，必须借助其他物件。1804年，英国人乔治·凯利爵士，经过长期研究，制造出了世界上第一架滑翔飞机模型。

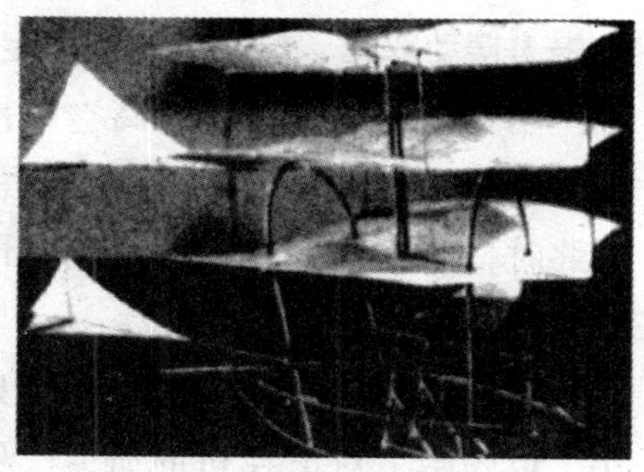

世界上第一架滑翔机模型

5年后，凯利爵士制造出了人类航空史上第一架可以载人飞行的滑翔机。1809年夏天的一天，他在自己居住的希朗普顿霍，由一位勇敢者驾驶，第一次举行了滑翔机飞行表演。滑翔机不断地升降，做出了多种动作。不过，这次它飞得并不远，飞的时间也不长。

1835年，凯利爵士已经是80岁高龄了，但他仍然进行着滑翔机的研制工作。这年8月25日，他又进行了一次滑翔机的飞行试验，驾驶员是他的马车夫。滑翔机从山坡上下滑。加速，再加速，快了，更快了！滑翔机像鸟一样，腾空而起，向着对面的山坡飘飘荡荡地飞去。人们欢呼起来，凯利爵士也笑了。

凯利（1773 年 12 月 27 日生于英格兰克郡）

当时，德国有一位航空工程师，叫奥托·利伦撒尔。他从小就对鸟的飞行感兴趣，幻想能有一天真的飞上天。长大后，他成了机械师。在业余时间，他读了很多书，对凯利制造的滑翔机产生了浓厚兴趣，对它进行了深入细致的研究。

在研究中，他发现，凯利的滑翔机，翅膀是活动的。1891 年，他制造出了第一架翅膀固定的滑翔机。试飞成功后，又不断进行改进，先后又进行了 2000 多次试飞。最后滑翔飞行距离能远达 200 多米。

1900 年莱特兄弟制造了第一架滑翔飞机

1896 年 8 月 9 日，利伦撒尔又一次登上里诺韦山，进行滑翔试飞。在试飞中，突然，一阵狂风吹来，他竭力摆动双腿，想使滑翔机稳定，但一切无济于事，飞机从高空坠落了下来。因受重伤，他在医院死去。临终时，他劝慰妻子说："任何事情都必须做出牺牲。"

1899 年，美国的莱（lái）特兄弟，也开始了对滑翔机的研究。他们从奥托·利伦撒尔的不幸遇难一事中发现，仅靠人的身体来保持滑翔机的稳定是不行的，必须找出更好的办法来。

为了了解飞行知识，他们从博物馆借来有关书籍，进行学习。为了能有足够的钱从事试验，他们开了一个自行车铺，一面挣钱，一面在修自行车中学习机械安装技术。

滑翔机基本模式固定下来

到了 1900 年，莱特兄弟制成了第一架滑翔机。开始，他们先进行无人驾驶试飞。他们把一根绳子系在机身上，在山坡上拉着飞机快跑起飞；成功后，他们才坐上去驾驶飞行。

在这以后，从1900—1902年的2年时间里，莱特兄弟又对机翼做了不少改进，飞行了1000多次。1904年，法国陆军上尉费尔贝又为他们的滑翔机装上了前升降舵和固定尾翼。这样，滑翔机的基本模式就固定下来了。

早期的载人滑翔机

滑翔机的发明，使世界航空事业又前进了一步。后来，由于动力飞机的出现，滑翔机没有在航空史上发挥很大的作用。现在，除了用于训练、体育运动和少数军事行动以外，滑翔机已经不太容易看到了。

飞　机

飞机，是一种有动力装置的飞行器。主要由机身、机翼、尾翼、起落装置、动力装置和操纵装置等组成。靠空气的运动产生升力而升空。按用途可分为民用和军用飞机；按动力装置可分为活塞式、涡轮螺旋桨和喷气式飞机等。

飞机，是由滑翔机发展而来的。它的发明人，是莱特兄弟。他们是美国人，哥哥叫威尔伯·莱特，弟弟叫奥维尔·莱特。莱特兄弟的父亲是一位牧师，小时候，父亲常给他们买飞行器一类的玩具玩，因此，兄弟俩从小就对机械十分感兴趣。

威尔伯·莱特生于1863年4月16日，他的弟弟奥维尔·莱特生于1871年8月19日，他们都出生在美国，是20世纪最著名的发明家

有一天，父亲买来一件带有橡皮筋

作动力的飞行玩具。他们玩过一阵后，还动手进行仿制。他们的动手能力很强，不几天就按原样仿制了几个，而且个个都能飞起来。从此，他们对飞行事业产生了极大的兴趣。

装上发动机的滑翔机

莱特兄弟很早便失去了父亲，只能靠当音乐教师的母亲挣钱来度日。为了减轻母亲的负担，兄弟俩中学毕业后，便去了工厂做工。由于勤奋学习，很快成为修理和制造自行车的机械师。

1896年，当兄弟俩知道德国滑翔飞行家利伦撒尔在一次滑翔机实验中失事牺牲后，感到十分悲痛，并决心要继承他的事业。于是，他们开始了滑翔机的研制工作。经过近20年的刻苦努力，他们终于获得了圆满的成功。

1902年的一天，弟弟提出了一个新的想法：把发动机装到滑翔机上，制造飞机。两人意见完全一致，于是就把自己制造的一台8．8千瓦（12马力）的活塞式发动机装到滑翔飞机上，并用链条带动两副推进式螺旋桨。从此，他们开始了制造飞机的工作。

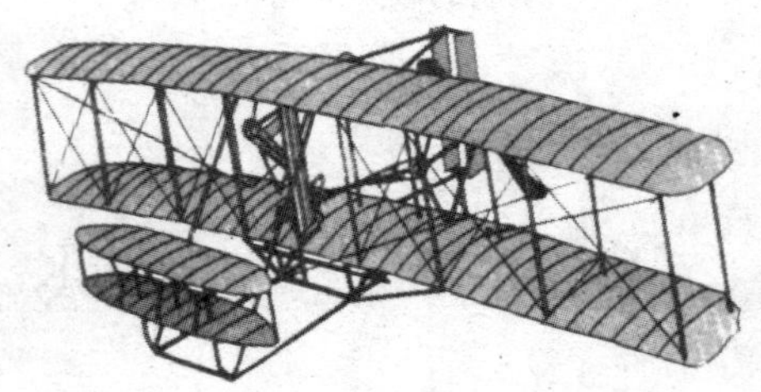
1903年制造的双翼飞机

莱特兄弟俩经过不到1年的工夫，于1903年9月，制造成了一架双翼飞机。12月14日，由弟弟驾机试飞。试飞开始，发动机发出了巨大的吼声，随即飞机冲出轨道，离开了地面。就在哥哥和5位急救人员正在惊愕的时候，飞机已安然无恙地降落到地面。飞行时间为3．5秒。

莱特兄弟的飞机试飞成功

接着，17日10时30分他们又进行试飞。人们不相信试飞会成功，只有2名观众，其中1名还是个小孩。但出人意料，先后4次飞行都成功了。最后一次飞行高度竟达200米，飞行距离为852英尺，飞行时间为59秒。此后，莱特兄弟不断改进飞机，进行了160多次飞行，最长的一次在空中飞行了38分钟。这样，这两位自行车修理工，终于成了飞机的发明者。人们称他们为“飞机兄弟”。

航天飞机

航天飞机，是人类用来探索星球奥秘的飞行工具。使用火箭发射，进入太空后能自由飞行，并能在预定地点着陆。它兼有卫星和飞机的功能。

人类第一架航天飞机是美国发明的，名字叫“哥伦比亚”号，仅货舱就长18米，是个庞(páng)然大物。1981年4月12日，在美国佛罗里达州的卡纳维拉尔角发射起飞，在轨道上绕地球转了36圈，54小时后安全着陆。从此，开始了人类进入空间的第二个阶段。然而，人类想飞出地球的想法，那是很早很早以前的事了。

齐奥尔科夫斯基
(1857～1935)

这幻想，西方有“神毯”、东方有“腾云驾雾”等神话传说。然而，从科学角度预言人能飞出地球的是英国的科学家牛顿。他认为，用加大速度的方法，去克服地球的引力，人就能飞出地球。他以炮弹为例，加大速度，人类就有可能发射地球卫星。

第一架航天飞机“哥伦比亚”号

1903年，俄国一位名叫齐奥尔科夫斯基的中学教员，发表了一篇论文《利用喷气工具研究宇宙空间》，提出利用火箭的力量飞出地球；他还发表了一个人造卫星的图样；并提出以人造卫星为宇宙航行的基础，向月球和其他星球发射火箭的主张。他的思想和理论被科学家们所接受，他因此被誉为“现代航天之父”。

布劳恩

世界上还有一位“现代航天之父”，是德国的布劳恩。小时候，他就幻想有一天能发明个飞行器，坐上它到月球上去走走。他在柏林大学的博士论文中，提出了火箭发动机的新理论。后来，他在德国陆军军械部从事火箭研究工作，研制成功了 A－2（后为 A－4）火箭，并于 1944 年 9 月 6 日首次用于作战，这就是世界上第一次研制成功的弹道导弹。

A－4 火箭用于战争后，希特勒气势汹汹，马上用来装备德国军队，想借以用来扭转败局。然而，他的梦想落了空，而 A－4 导弹却为人类飞向宇宙开辟了道路。1945 年 1 月的最后一天，布劳恩等一批科学家秘密集会，决定投降美国，让A－4 火箭为未来的航天事业作贡献，造福于人类。

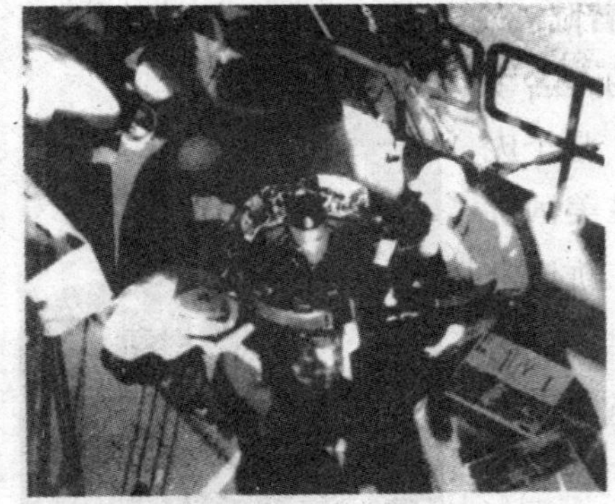
1958 年美国将第一颗卫星“探险者 1 号”装在“丘比特”C 型火箭上

不久，在布劳恩的策划下，他携带全部有关火箭的技术资料，率领 150 名技术人员投奔到阿尔卑斯山下的美国部队。这时，布劳恩仅 30 岁。1958 年 7 月 31 日（晚于苏联 1 年），布劳恩主持研制的“丘比特－C”火箭，把美国第一颗人造卫星“探险者－1 号”发射到了太空。为此，白宫举行盛大庆祝仪式，由艾森豪威尔总统亲自为布劳恩颁发了美国公民服务奖。

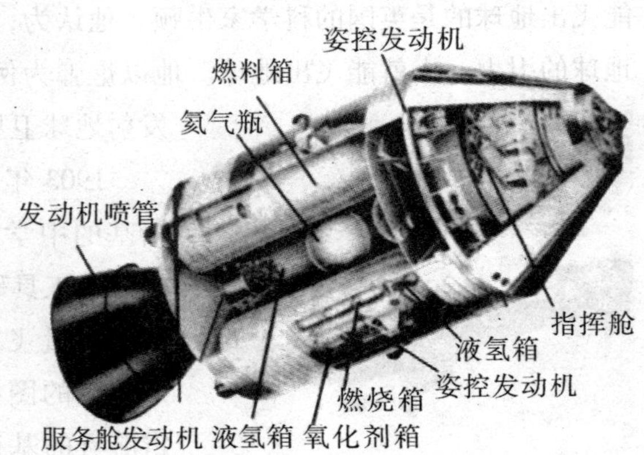

阿波罗—11 号

1969 年 7 月 16 日，在布劳恩的率领下，研究人员又研制出了“土星－5 号”

我国成功发射一颗返回式卫星

巨型火箭，把载人飞船“阿波罗－11号”送上轨道。下午4点19分，飞船在月球上发回电波传来了激动人心的声音：“这里是静海基地，‘鹰号’已经着陆!”这一消息传向世界各地，人们无不兴奋欢呼：人类千百年梦寐以求的登月幻想实现了!

美国“阿波罗—11号”载人飞船在月球登陆成功，大大鼓舞了世界各国人民，同时也推动了世界各国利用火箭发射各类卫星的进程。除通信、气象卫星之外，还出现了军事侦察卫星、营救卫星等等。我国于1975年11月26日，就发射成功了一颗返回式卫星。而在美国航天飞机飞行成功后的第七年，1988年11月15日，前X苏联也发射成功了一架名叫“暴风雪”的无人驾驶航天飞机。

现在，航天飞机事业发展很快，而且航天飞机花样翻新，多姿多彩。美国正在研制一种不载人的货运航天飞机，它能装运77吨货物。西欧正在研究小型的航天飞机“赫尔墨斯号”，它的体积比美国的航天飞机小一半。为了能更自由地出入太空，一些发达国家正在研制一种能像普通飞机一样水平起降的航天飞机。

前苏联“暴风雪”号航天飞机

帆　船

帆船，是近代航行于江河湖海中的交通工具。而今天，许多地方还使用着呢。它利用吹在船帆上的自然风力，推动船舶向前航行。这对节约能源是很有意义的。

大帆船

船是人类最早的交通工具。从船的产生、发展到今天的各种木盘、帆船，它已经有了一二百万年的历史呢。早在古猿变成人以后，为了采集野果、猎取禽兽，他们经常要从一个地方迁移到另一个地方。可是，河流和湖泊常常会挡住他们的去路。小河或浅水还可以中淌过去，但遇到大江、大湖和深水就毫无办法了。

人类最早的渡河工具

后来。他们发现枯倒在河里的大树能漂浮，于是就坐到枯树上，用木棍、树枝撑着河底渡河；用手、脚学着鹅、鸭划水，朝一定方向前进。发洪水时，他们抓住漂来的枯树或坐在漂着的枯树上，随树木一起漂流，躲避洪水的侵害。就这样，枯倒的大树，成了人类最早的渡河工具和逃避洪水的工具。它是现代一切船舶的老祖宗。

这样，过了许多万年，我们的祖先学会了用石头制作石斧、石刀。他们就用这些石制工具，把树木砍倒，运到河边用来渡河；把树枝砍削成篙或桨，作为撑船和划船的工具。传说篙和桨是我国古代一个名叫颛顼（zhuānxū）的人发明的。但是，一棵树木漂浮在水上，既不能载很多人，也不能装运更多的东西。于是，他们想办法，把几棵树或几根竹子，用藤

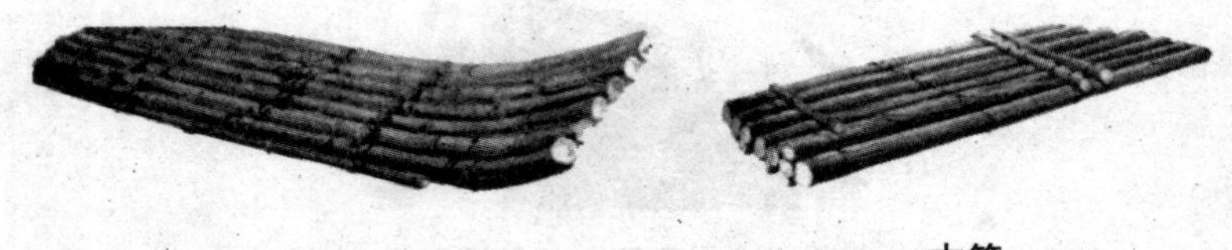
竹排　　木筏

条捆绑起来。这样，不但可以运载更多的人和东西，而且可以在水中较平稳地航行。这样就出现了木筏和竹排。

芦苇筏

除了木筏和竹排，古代各国人民还创造了许多独特的渡河工具。拉丁美洲西部的“的的喀喀”湖畔，人们用芦苇捆成两头尖尖的芦苇筏航行，当地人叫它“巴尔萨”；我国黄河上游的陕西、甘肃、青海一带的人们，用野兽、牛羊的皮制成皮袋，吹足气，把几个皮袋捆在一起，做成皮袋筏作为渡河工具。另外，还有人把几十个葫芦串在一起，做成葫芦筏，等等。

随着时间的推移，我们的祖先在长期和大自然进行斗争的过程中，积累了不少生产和生活知识。在学会了使用石斧、石刀等工具后，又挑选了些最大的树木，将其砍倒后把中间挖空，做成独木船。最初的独木船两头是方方的，后来，又改成尖尖的。这样，在水中划行时，尖头船所受的阻力就比方头的小了。1958 年，江苏武进县挖出了一只古代的独木船，长达 11 米，能乘 20 多人呢。

多桅帆船

四五千年前，我们的祖先学会了用火冶炼矿石，制造出了青铜器和铁器工具。于是，他们用锯、斧、锛、刨、凿等锐利的木工工具，将树木破开，加工成各种形状，用来制造较为复杂的船只。开始，人们把野生藤条穿在木板上，拼制成木板船，用海草和鱼油的混合物，把木板的缝隙堵住，防止船体漏水。后来，人们在木板上钻孔，用竹钉或木钉把木板连接起来；之后，人们又制造了铜钉、铁钉，把木板连接起来，然后，用石灰、麻和桐油的混合物，把板缝泥死。这样的造船方法，基本和现在的一样了。

船舶在水中前进，要有动力。开始时，全靠人力用篙子撑，木桨划。后来，人们受到鱼儿游水用尾击水的启发，发明了橹。传说，橹是我国古代一个名叫帝喾（kù）的部落首领发明的。他同时还发明了舵。这样，人

帝喾发明的橹

摇橹可使船前进。舵能操纵船只向左右拐弯。但逆水行驶时，光靠橹和桨还不能克服水流的冲击。传说，帝喾的儿子尧想出了办法，让人们在岸上用绳子拉着船只顶水前进。这绳子叫做“纤”（qiàn），拉绳子的人叫做“纤夫”。

船舶航行时，靠篙子、木桨、橹和纤绳，这样，人的劳动量很大，船的前进速度也很慢。后来，人们用布做成帆，支在船上，利用风力把船推向前进，这样，人们就发明了帆船。开始时，帆船上只竖一根桅（wéi）杆，叫单桅帆船。后来，随着造船技术的不断发展，帆船越造越大。为了让船快速前进，人们在船上竖起了两根、三根桅杆，这叫双桅帆船和三桅帆船。到了我国明代，人们已经能制造有12根桅杆，装货一二千吨的大帆船了。

单桅三角帆船

帆船不仅给人们在内河航行带来了极大方便，而且漂洋过海，又发展了与各国人民经济和科学文化的友好往来，同时，也开阔了人们的眼界。科学家们随帆船队在非洲、美洲和亚洲找到了大量动植物的标本和化石，揭示了生物界的进化和人类的进化规律，等等。总之，帆船使用了几千年，在人类社会的进步中创建了巨大的功勋（xūn）。

三桅帆船

轮船

轮船，是一种以机器推进的船的统称。种类很多，民用轮船按用途区分，有客轮和货轮等。按航行区域区分，在内河航行的称内河轮船；在海上航行的称海洋轮船；由一个国家到另一个国家的称远洋轮船。

豪华客轮

帆船虽然为人们的交通运输、发展海外交往作出了巨大贡献，但也有不少缺点，如速度慢；航行必须靠风力，遇到无风的天气就寸步难行了；遇上逆风必须走“Z”字形曲折前进，否则就毫无办法；在风暴中又很容易发生事故等等。因此，帆船出现以后的几千年中，不少人为改进船舶，做了许多试验。

很早以前，有人就想在船上用马和牛来代替人力和风力。遗憾的是，人们没有办法训练马和牛学会划桨。后来，他们让马和牛代替人给船拉纤，可是，遇到山和河，马和牛就过不去了。接着，他们又想了新方法：在船上装个大绞盘，绞盘上的绳子缚住一个大铁锚，先用小船把铁锚运送到前面几十米远的地方沉在河底，再让牛马或人转动绞盘，让绳子拉着船前进。但采用这种方法，让船一段一段往前移动十分麻烦，船的前进速度也不快，所以不久也没有人使用了。

南宋时期农民起义时制造的车船

我国南宋时期，农民起义领袖杨幺在洞庭湖上制造了许多车船。这种车船，是在木船的两侧，安装上像车轮一样的桨轮，人在船中用脚蹬着轮轴，桨轮转动起来，把水往后拨，船就向前行进了。不过，由于车船也是利用人力，无法长途航行，因此只能作为军用。而且，这种车船只能在宽阔的水面和风平浪静时航行，所以此后就停止发展了。直到蒸汽机发明后，车船才又一次获得了新生。

富尔顿（1765～1815）

在人类社会发展的历史中，蒸汽机的发明，给工业生产带来了一场巨大的革命，也使船舶发展进入了一个崭新的阶段。19 世纪初，美国有个机械工程师，名叫富尔顿。年轻时，他到英国学习绘画。在英国，他认识了蒸汽机发明家瓦特和其他几个机器发明家，引起了他对机械工程的巨大兴趣。这时他才 22 岁，他决心把蒸汽机装到船上，建造一种前所未有的机器船。

富尔顿决心一下，就开始了对机器船的研制工作。当时，富尔顿在法国巴黎。他先是制作了一艘机器船的模型，舱内装一小型的蒸汽机，船身两侧装一对拨水的水轮。他以百折不挠的精神，经过多次试验，取得了各项必要的技术数据，并于 1803 年制造成了一艘蒸汽机轮船。不幸的是，在试航的头一天夜晚，一场风暴把船拦腰折断，船只沉入了河底。

船身装了拨水轮的机器船

狂风暴雨摧毁了轮船，但摧不毁富尔顿和工人们建造蒸汽机船的决心。他们连续奋战了一昼夜，从水下捞起了机器等东西，并立即着手又建造了一艘新的试验船。

新船造成后，试航时，富尔顿发现机器的动力太小了，于是，他亲自跑到英国找瓦特，定制了 17．9 千瓦蒸汽机的汽缸、活塞等零部件，准备再制造一艘新船。

然而，富尔顿的努力和创造不仅不被法国政府重视，还遭到了许多人的讽刺和打击。可他并不灰心，他信心十足地对朋友们说："失败是成功之母。"他把蒸汽机运往美国，组建了新的造船厂继续造船。

两年之后，富尔顿建造成了一艘崭新的轮船，名叫"克莱蒙特号"，有人讽刺说是"富尔顿的蠢物"。但他并不介意，依然每天和工人们在船坞（wù）里挥汗奋战。

克莱蒙特号

1807 年 8 月 9 日，"克莱蒙特号"正式下水试航了。富尔顿一声令下，机器轰隆隆地转动起来，机器船离开码头，向前驶去。平均时速为7. 5公里，比一般帆船快了三分之一。"富尔顿的蠢物"变成了"富尔顿的宠物"。因船的两侧装有明轮（拨水轮），所以人们把它叫做"轮船"。

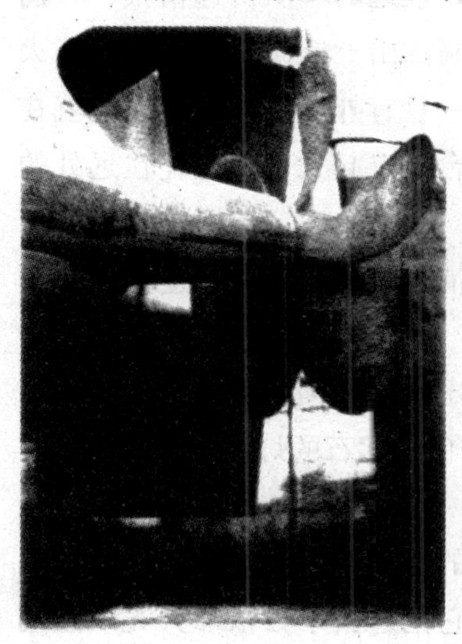

装在巨型货轮上的五叶螺旋桨

富尔顿轮船的发明，在船舶的发展史上开创了新纪元，但比起今天的轮船来，它还是很不完善的。因此，以后的几百年里，人们对他的轮船进行了不断改进。实践证明，明轮推进轮船的效率比较低，特别是遇到较大的风浪时，桨轮常常会露出水面空转，影响航速。1836 年，英国造船工程师史密斯发明了螺旋桨，装在船尾，代替明轮做轮船的推进器。这样，在风浪中螺旋桨不会露出水面，推进效率也比较高了。从此，轮船都采用了螺旋桨作推进器。

几千年来，船都是用木材建造的。直到

1787 年，才有一个叫威金森的工程师造了第一艘铁壳驳船，叫“试验号”，在水面上航行得很好。1852 年，英国一个造船工程师发表了一个调查报告。报告说一艘装1000 吨货的船，用铁壳建造要比用木材建造省五分之一的费用，而且铁船比木船坚固耐用。从此，轮船就逐渐采用钢铁来制造了。至此，轮船就和现在的基本一样了。

富尔顿轮船的发明，为水上交通运输建立了巨大功绩，人们称他为“轮船之父”。为了纪念富尔顿，现在，美国把他的故乡——宾夕法尼亚州的兰开斯特县命名为“富尔顿县”。

交通信号灯

交通信号灯，是为管理和指挥交通，在陆路、海路、空路以灯为标志的信号，如城市十字路口的红绿灯、海上航行的灯塔等。

烽火台

信号灯的祖先，要数我国古代的烽火台了。古代时，为了给驻扎在相距较远的军队传递情报，人们在较高的山上或城堡上修建了烽火台。一旦有外敌入侵时，人们就在烽火台上点起大火。驻扎在远处的军队见到了，就会马上派兵来救援。

在古代，烽火台除了用来在陆地上传递消息、报告军情，还用来作为航海中的信号灯。

公元前300 年的一天，大批工程技术人员来到地中海岸的一座小岛上，经过近20 年的时间，在悬崖上建起了一座白色大理石的灯塔。这就是世界上最早、也是最有名的亚历山大港灯塔。

航海用的信号灯，最早是用油灯来照亮的，直到 18 世纪才有了改进。最早做这种改进的是英国的埃迪斯通灯塔，它把过去单独依靠火光改成用蜡烛，在蜡烛后面用一面金属镜反射它的光亮，指挥船舶的航行方向。

英国的埃迪斯通航海灯塔建于1698年，当时全部用的是木材。5年后，在一次风暴中，灯塔倒塌。1708年，人们又改用橡木和钢铁重建了灯塔。40多年后，一场大火又使它毁于一旦。1759年人们再次用混凝土建起了灯塔。

埃迪斯通灯塔是一座多灾多难的灯塔，但它说明了灯塔发展的进程。

灯塔

公路上的交通信号灯比起海上的信号灯要晚得多。最早的信号装置出现在1868年。当时，英国伦敦的威斯敏斯特议会大厦是首都的中心地区，车马行人川流如梭。为了交通安全，伦敦市政府责成有关部门安上了像铁路信号一样的红绿灯。不过当时使用的不是电灯，而是烧煤气的煤气灯。

第一盏现代交通管理色灯，是一个美国人发明的。1914年8月5日，美国的克利夫兰市安装了最早的红绿灯。1918年，在美国纽约市的一个街心交通岗亭上出现了一盏红、黄、绿三色信号灯。8年后，英国沃尔弗普顿的一个交叉路口处安装了自动信号灯，这种灯一直沿用到今天。

交通红绿灯

现在，公路或城市交通路口的信号灯已经达到了高度自动化和电子化程度。它不仅可以定时启动红、黄、绿色信号装置，指挥行人车辆通行或暂停通行，而且有些地方已装有摄像设备。交通指挥部门可以坐在遥远的办公室里，从荧光屏上看到某一交通地段的交通情况，如果发生堵塞，可以自动地指挥南来北往的车辆改道而行，使交通恢复正常。

邮政电信

明信片

明信片，是邮政的一种。呈长方形单片，用120~150克卡纸制作。正面写收件人地址和姓名及寄件人地址、姓名，书写形式与一般信件相同；背面写通信内容。邮费比一般平信便宜。

明信片

说起明信片的发明，还有一段有趣的故事。1865年的一天，法国有个画家画了一幅画，想寄给一个朋友，但邮局没有那么大的信封，无法邮寄。后来，邮局给他出了个主意，在画的背面写上他朋友的姓名、住址。这样，邮局就给他寄出去了。这是世界上第一张明信片。

但是，那张明信片当时并没有引起人们的注意。1865年11月30日，德国召开第五届邮政会议时，会上不少代表列举了使用信封的种种问题。如：信如果写得很长，就会影响邮寄、影响信封封口，粘邮票也不太方便等等，呼吁改变这种状态。当时有一位名叫斯坦法恩的代表提出了使用明信片的初步设想，但大会拒绝了这个建议。

1896年1月26日，维也纳大学的一位教授，叫孟努依尔·海尔曼，在奥地利的一家刊物上发表文章，支持斯坦法恩发行明信片的意见，并提出了一些新的建议。奥地利邮政部门采纳了他的建议，把明信片列为印刷品，并于同年10月1日正式启用。随后，明信片在世界各国盛行起来。到了1897年，我国也开始有了自己的明信片。

在奥地利发售世界上第一批明信片后，不久又出现了一种“双明信片”。这种明信片相当于两张连在一起的明信片，从中间折叠起来，也有国内和国外的两种。其中的一半是寄信人写信用的，另一半是收信人写回信用的。我国在1898年发行过双明信片。现在世界各国已经停止使用了。这对于集邮者来说，就更加珍贵了。

贺年明信片

随着邮政事业的发展，后来又出现了包裹明信片、美术明信片等等。而今，明信片的名目更为繁多，如贺年明信片、圣诞节明信片、问候明信片、纪念明信片、军邮明信片、请柬明信片、答谢明信片、广告明信片等。

邮 票

邮票，是用来贴在邮件上表明已支付邮资的凭证。种类很多，有普通邮票、纪念邮票和特种邮票等。邮票上印有各种图案花纹和面值，分8分、1角、2角、5角、1元等。邮件需贴多少面值的邮票由邮政部门规定。

不同面值的邮票

今天，我们如果有事要跟远方的亲朋好友讲，信写好后装进信封，再贴上一张邮票，投进邮筒，邮局就会负责把你的信送到亲朋好友手里，非常方便可靠。但在没有开设邮局、没有发明邮票的时候，信是派专人送的，或是托人顺便捎去的。费用直接付给送信人，很不方便。

1635年，法国国王路易十四命令邮政部门改变寄信直接向送信人交费的办法，并亲自授命一个叫维拉叶的人全权负责这项工作。维拉叶设计了一种标签，并在巴黎街头设置了邮政信箱。人们只要向邮政部门买下标签贴在信封上，把信投入街头信箱，邮政部门就会负责把它送到收信人手中。维拉叶的这种标签，为世界上邮票的发明开辟了道路。

世界上发明正式邮票的是英国人罗兰·希尔。19世纪30年代的一天，希尔从伦敦到一个小村庄度假时，看见邮差向一位姑娘布朗要邮费。信是姑娘的哥哥寄来的，但姑娘付不出邮费。姑娘不要信了，但这也不行，双方就争吵了起来。最后，希尔替姑娘代付了邮费，事情才算了结。

希尔回伦敦后听朋友说，早在1824年，有位众议院的议员曾打过一个报告，想改变这种由收信人付邮寄费的不科学做法，建议统一收费标准。后来，又有一位负责发行报纸的人也提出每邮送一份报纸收1便士的建议，可是众议院特别委员会多次开会讨论这个问题，结果都是争论不休，不了了之。

1837年，希尔根据了解到的情况，撰写并发表了一篇题为《邮政制度的改革——其重要性与实用性》的文章，受到了群众的普遍好评。与此同时，又有人建议：在信封上粘贴交钱的收据，这样会更方便。后来（1839年），特别委员会通过了有关邮政改革的提案。

世界上第一枚邮票“黑便士”

不久，英国财政部向全国公开征集邮票设计图案，收到了2000多件作品，但都不满意。后来，希尔设计了一种以英国女王维多利亚的侧面头像为图案的邮票，头像为黑色，面值1便士，1840年5月6日正式启用。这是世界上第一枚邮票。因为图案是黑色的，所以称为“黑便士”。除此，还有“绿便士”。

世界上第二个发行邮票的国家是巴西。这年，瑞士的苏黎世和日内瓦两个地方也发行了邮票。根据1861年法国出版的世界最早的邮票目录，在开始出现邮票的头20年里，总共发行了500种邮票，这说明邮票的发行已普及欧洲各国了。

我国发行邮票的时间比欧美国家晚了三四十年。到1878年，我国才出现了第一套邮票。但那时的邮政还不是国家正式开办的，而是由外国人把持的海关试办的，邮票也是由海关发行的。这套邮票的图案是象征帝王的龙。全套共三枚，因为这套龙的邮票比以后发行的龙邮票稍大一些，所以人们称它们为“大龙”邮票。

我国最早的邮票“大龙”邮票

世界上最早的邮票是没有齿孔的。邮票印制在一张大纸上，使用时，用剪刀把它剪下来。1848 年的一天，有位英国记者在酒店喝酒时写了一篇新闻稿，准备寄往报社。但他没有找到剪刀剪邮票，就取下衣服上的小别针，用针头沿着两枚邮票的边缘扎出一串串小孔。这样就把邮票撕下来了。

这样做，对那位新闻记者来说是没有办法的办法。可有个叫亨利的年轻人看到了，却产生了一个想法：如果能生产一台打孔机，在邮票边缘打上孔，撕起来不就方便多了吗？于是，他精心设计，制造出了邮票打孔机。1854 年，英国邮政局采用了这种机器。从此，邮票上就出现了今天这样的齿孔，只要轻轻一撕，邮票就分开了。

邮票的制作过程

邮票发明以后，不但成为支付邮费的凭证，而且也引起了不少人的兴趣。人们把它搜集起来，作为一种文化和美的享受。世界上最早集邮的人，是英国大英博物馆的约翰·格雷博士。他在 1840 年第一枚“黑便士”发行时，就到邮局买了保存起来。他收集的邮票虽然不多，但他却是第一个真正理解集邮意义的人。

电　话

电话，是利用电信号传输语言的通信方式。通过导线传送的称为有线电话，利用无线电波传送的称为无线电话。按照业务范围，可分为市内电话、农村电话、长途电话和国际电话等。

电话，是亚历山大·格雷厄姆·贝尔发明的。贝尔是英国人。小时候，贝尔很爱活动，也很淘气，常把小麻雀放在书包中。他祖父知识渊博，常给他讲有趣的故事。在祖父的教育下，贝尔渐渐地喜欢读书了。后来，他随父亲迁居到加拿大，最后又搬到美国。17 岁时考入爱丁堡大学，毕业后，他在波士顿给聋人上课。

贝尔（1847～1922）

在学校里，贝尔整日和聋人学生打交道，他很同情他们的遭遇，希望能改变他们的状况。于是，他开始研究一种机器，想把声音记在纸上，以便使耳聋的孩子能知道正常人用耳朵听到的东西。他废寝忘食地设计图纸、安装电线、调整电流，一次又一次地实验，但总不成功。他有些失望了。

贝尔在亨利的鼓励下继续钻研电话

有一天，贝尔又搞实验。忽然，当电流接通或间断时，线圈中发出了“沙沙”声。这一奇妙的现象使他产生了一个新的设想：能不能利用电流来传递声音，制造出一种“电话”呢？但他缺乏成功的把握，就去向专家请教。

1873 年 3 月的一天，贝尔专程从波士顿赶到华盛顿，找到了美国著名的电学家约瑟夫·亨利。亨利听了他的设想，拍着他的肩膀，热情地鼓励说：“年轻人，为你的伟大发明和理想，努力干吧！”听了亨利的鼓励，贝尔终于打定了主意。

贝尔回到波士顿后，就着手研究电话。他对电磁学不大熟悉，就刻苦自学这方面的知识。另外，他请了一位 18 岁的电学技师华特生协助工作。他们在市郊的破公寓里租了两间房子，作为试验室兼卧室。贝尔设计制图，华特生照图安装。就这样，他们开始了对电话的实验工作。

电话机是一种新的通信工具，没有什么实物或书籍可以参考，只能不断实验，从失败中积累经验。贝尔绞尽脑汁，梦中都在想着电话机的设计。有时半夜想出一个点子，便立即起来画图，华特生也密切合作，按照图纸试制，一直干到天亮。

华特生从电话里听到求助电话后赶来帮忙他们兴奋异常，他们成功了

这样，他们夜以继日，整整两年，也不知试验过多少方案，有过多少次失败，终于制成了两台电话机。他们把电话机放在两间远离的房间里，但无论两人如何相对呼唤，电话机也没有一点声息。两人真的沮丧极了！苦苦思索着：问题出在哪里呢？

贝尔 1876 年的照片，电话已初步形成，由耳机部分和口讲机部分组成

一天晚上，贝尔仰望星空，思索着电话通话失败的原因。忽然，从远处传来了“叮叮咚咚”的吉他弹奏声。他猛然醒悟：吉他有共鸣箱，所以发出的曲调声圆润、动听。电话机通话不灵，是送话器和受话器的灵敏度太低。于是，贝尔连夜设计了一个具有类似共鸣箱作用的助音箱草图，对电话机进行了改进。

1876 年 3 月 10 日，贝尔和华特生做电话实验的时候，贝尔往电池中加入硫酸，不小心，硫酸溅到他的腿上，疼得他大声地呼喊：“华特生，快来呀！”华特生从电话里听到了贝尔的呼救声，冲进门来。他不救贝尔，而是紧紧抱住了贝尔，高兴地呼喊着：“成功啦！我们成功啦！”从此，电话就发明了。

有线电报

电报，分有线和无线两种，是利用电信号的传输传送文字、文件、图表或图片形象的通信方式。传送文字时，可直接将字母或数码通过特定的电码用电信号发送给对方。收方收到电信号后再译成文字，从而达到通信的目的。直接传送文字、文件、图表和图片形象的电报，称为传真电报。

我国古代，军事家在高阜、城堡每隔10里或20里，筑一烽火台，一旦发现敌情，立即点燃烽火，传送军事情报；在美国，据说伊利运河建成，举行放水典礼时，人们每隔5英里放置一门大炮。放水时，放响一门接一门的大炮，把信息传到纽约市。

莫尔斯（1791～1872）

说到有线电报的发明人，也许你会感到吃惊，他本来不是科学家，而是一位美国的著名画家莫尔斯。1832年秋天，莫尔斯搭乘“萨里号”邮轮从法国回到美国。一天，一位名叫查尔斯·杰克逊的医生当众做了电磁铁表演：他把绕有绝缘铜丝的马蹄形铁块通上电，附近的铁钉、铁片就被吸了过去；而当切断电源时，铁钉、铁片立即掉了下来，那股无形的吸引力马上消失了。

原来杰克逊是在巴黎出席了电学研讨会后回美国的。莫尔斯看了他的表演很感兴趣。他向杰克逊借来有关的电学资料，一连几天翻阅着，心想：电流速度很快，如果利用电流的断续编成符号，做成电报，不就是一种很好的传递信息的方法吗？

莫尔斯和几个朋友讲了自己的设想。朋友们并不支持他：“你一已经是40开外的人了，还想改行？而且你对电学一窍不通，能行吗？你还是画你的画吧，何必半路出家？”但他坚持已见，信心百倍，丢开画笔，从头学起。他整天跟电池、电线、磁铁打交道，专心地干起来。

可是，一开始他就碰到了许多难题：他不再绘画了，因此没有收入来维持生活和购置设备；还有，他缺乏科学知识，对机械制造技术更是外行。但他并不泄气，他下决心冲破这些困难。为了吃饭，他重操旧业，到纽约大学担任艺术教授；没有电学知识，便用功学习，还拜电学家亨利为师。

这样，莫尔斯白天没有时间了，就利用晚上和课余时间搞实验。他把原来的画室改成了实验室，原来的画架、画笔、标本、画板都没有了，代替它们的是电线、电池、锯、斧、刨、凿、刀、钳、锤、锉等。他的写生本上也不再是肖像画和风景画，而是数不尽的各种方案、草图和科学笔记。

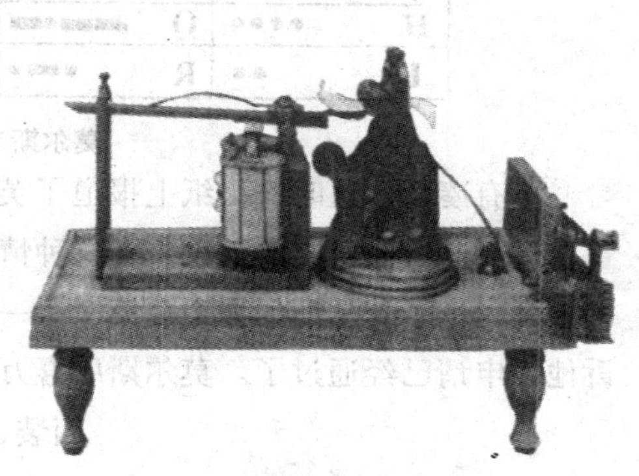

莫尔斯设计的电报机

经过四年多的努力，莫尔斯终于制造出了一台电报机。看着自己的劳动成果，他心情非常激动。他装好电池，连接好导线，接通了电路。然而，电报机却毫无反应。他反复检查也没找出什么毛病。他就去向别人请教。一位大学老师告诉他："电报机的线圈可能太小。"经过改进，电报机启动了。

发报员用莫尔斯信号电报传送消息

为了解决电流通过电线逐渐减弱的问题，他又使用了亨利发明的一种起接力作用的继电器。后来，又在朋友的帮助下，研究出用点（·）、划（—）等符号的不同组合来表示英文字母和数字。这就是电信史上最早的编码，被叫做莫尔斯电码的来历。

可以实际使用的电报机制造出来了。它传递的距离越来越远。为了能继续实验，他来到华盛顿向美国国会申请 3 万美元的实验经费，以便在华盛顿和巴尔的摩市之间架设一条电报线。但是国会议员们认识不到电报的重要性，议案被否定了。无奈，莫尔斯只好返回纽约。

A	•—	J	•———	S	•••	2	••———
B	—•••	K	—•—	T	—	3	•••——
C	—•—•	L	•—••	U	••—	4	••••—
D	—••	M	——	V	•••—	5	•••••
E	•	N	—•	W	•——	6	—••••
F	••—•	O	———	X	—••—	7	——•••
G	——•	P	•——•	Y	—•——	8	———••
H	••••	Q	——•—	Z	——••	9	————•
I	••	R	•—•	1	•————	0	—————

莫尔斯电码

事有凑巧。这时，报纸上报道了英国已在伦敦着手电报实验，德国也正在进行这方面研究的消息。在这种情况下，美国国会于 1843 年 3 月 3 日晚上又讨论了莫尔斯的方案。第二天一大早，他的一个朋友的女儿跑来告诉他，申请已经通过了。莫尔斯欣喜万分，立即借了 50 美元，买了一套新西装，兴冲冲地赶到华盛顿去了。

1844 年 5 月 24 日，华盛顿市到巴尔的摩市之间的电报线架设完工了。莫尔斯坐在华盛顿国会大厦会议厅里，怀着激动的心情，亲手向 64 公里外的巴尔的摩市拍发出了历史上第一份长途电报。

1856 年制造的电报机

有线电报试验成功了。莫尔斯的发明迅速风行全球，服务于人类。为了感谢这位伟大的科学家的贡献，1854 年，欧洲各国联合重奖莫尔斯 40 万法郎的奖金，在他垂暮之年，给他以崇高的荣誉。

无线电报

无线电报，是继有线电报之后人类在科学发展史上又一伟大发明。顾名思义，有线电报，是通过导线来输送电报信号的；而无线电报不用导线，而是按双方一定的频率进行发报和收报的。它更省时、省料，因此无线电报发明后，有线电报也就逐渐被无线电报所代替了。

无线电报是谁发明的呢？西方公认是马可尼，苏联则只承认是波波夫。这个问题争论了半个多世纪，直到今天还没有统一，成为近代科学技术史上有关发明权的一桩公案。所以这里我们也不能说谁是谁非，只说说马可尼和波波夫是如何发明了无线电报的故事吧。

人类早期的天线

1888 年，德国青年科学家赫兹发现电磁波后，他的好友胡布尔提出了利用电磁波进行无线电通信的设想。一时间各国科学家蜂拥而起，积极进行研究，其中之一，就是俄国的波波夫。当时，波波夫仅 29 岁，大学毕业后在水雷学校任教，当过电灯公司的电气技师。当赫兹发现电磁波的消息传到俄国后，波波夫便在水雷学校利用电磁波进行了无线电通信的试验。

波波夫（1859～1906）

经过努力，波波夫终于在 1894 年制造出了一台无线电接收机。第二年 5 月 7 日，波波夫在彼得堡俄国物理化学学会的物理分会上，演示了他的无线电接收机。他把接收机安放在演讲大厅的讲台上，助手在大厅的另一端操纵火花式电磁波发生器。当接通电源时，讲台上的无线电接收机上的电铃就响了起来；切断电源，铃声也随着停止。物理学界人士报以热烈的掌声。波波夫充满信心地说：“仪器再进一步改良以后，就能进行长距离通信。”

不久，波波夫又制造出了一台无线电发报机。1896 年 3 月 24 日，波波夫和他的助手在俄国物理化学学会的年会上，正式进行了用无线电传递莫尔斯电码。通信距离为 250 米，电文是“海因里希·赫兹”，它表示波波夫对这位电磁波的伟大发现者的崇敬。这份电报虽然很短，却是世界上第一份有明确内容的无线电报。为此，几十年后，苏联政府把 1895 年 5 月 7 日定为“无线电发明日”。

马可尼（1874～1937）

那么，马可尼又是怎样发明无线电报的呢？这话说来就长了。马可尼是意大利人，赫兹发现电磁波时他才14岁。16岁那年，老师李奇送给他一本电学杂志。李奇也是研究电磁学的。马可尼按照老师的要求，仔细阅读了杂志上介绍赫兹实验的几篇文章，他万分感动，并在老师的指导下，在学校做了一些电磁实验。后来，他在家里也做起实验来。

1895年马可尼在这台发报机上做实验。它的天线只是一块薄铜片，用固定在桌子上的竹竿挂起来

第二年，马可尼17岁。他一面实验，一面大量收集资料。马可尼钻研了整整一年，成了一个电学小专家。他决心利用电磁波创制出无线电报，于是，他躲进波伦亚附近父亲庄园的楼上潜心做起实验来。

在庄园的小楼上，马可尼度过了少年时代的许多日日夜夜，经历了很多次失败。父亲嘲笑他是个“不切实际的空想家”，但他毫不气馁。1894年，他20岁的时候，终于取得了初步成绩。一天，他在楼上一按无线电收发报装置上的电钮，楼下客厅里的电铃就响了。母亲见了非常高兴。晚上丈夫回家，她把丈夫劝上楼，叫儿子当场表演。父亲见“空想家”搞出名堂来了，也很高兴，但他没有说什么。不过，从此，马可尼再也不用偷偷向母亲要钱买实验器材了。

这样，马可尼又经过一年多的努力，于1895年夏天，在父亲的花园里进行了一次非常成功的电磁波传递信号的实验。他把火花式发射机放在村边的小山顶上，天线高挂在一棵大树上，接收机安放在距小山顶2．7公里的家里的三楼上。一个同伴给他当助手在山顶发报，他在家里接收。对方送信号的时候，接收机的电铃发出了清脆的响声。实验取得了成功。于是，他给意大利邮电部写了一份报告请求经费上的资助，但是没有得到支持。

1896年初夏的一天，也就是在俄国波波夫表演无线电收发报以后不久，为了使无线电能够有实用价值，能够为人类服务，年仅22岁的马可尼离开了祖国，告别了亲人，登上了开往英国伦敦的邮船，开始了他新的征途。

有人说，马可尼是幸运儿，确实是这样。马可尼到达伦敦不久，1896年6月2日，他的发明就取得了英国政府的专利。专利局官员还给了他一张名片，介绍他去找英国邮电总局的总工程师普利斯博士。

普利斯是英国电信界的权威人士。从1882年起，他就在研究感应无线电报。当他见到马可尼的无线电收发报机后，就幽默地说："人人都认识鸡蛋，但是只有马可尼把鸡蛋立起来了！"这话是普利斯借用航海家哥伦布竖鸡蛋的典故，对马可尼的高度评价。普利斯很赏识马可尼的才干，就请他留在邮电总局做进一步的实验。

接收无线电报的大型装置

在普利斯的支持下，马可尼的实验取得了一次又一次的成功和突破。1897年初，他在英国布里斯托尔海湾进行了跨越海湾的无线电通信试验，收发距离达14．5公里。这一跨海试验的成功，引起了意大利政府的重视。同年6月，马可尼接到意大利驻英使馆请他回国的通知。马可尼怀着对祖国的热爱回到了意大利，并建立了一座陆上电台，跟意大利军舰通信，距离为19．2公里。意大利国王和王

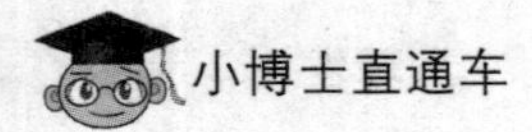

后在罗马接见了他，并且很有兴趣地观看了他的表演。

1897 年 7 月，马可尼重返英国，开始研究无线电的商业应用，并且在伦敦成立了无线电报通信公司（1900 年改为马可尼无线电公司）。紧接着，马可尼又在怀特岛的艾伦湾建立了一座电台，名字叫尼特无线电站。从此，马可尼对无线电报进行了更深入的研究和试验，最后实现了飞越大西洋的无线电通信。1905 年 5 月 4 日，在美国关于无线电发明权的一场诉讼案中，北美巡回法庭判定马可尼是无线电的发明人。

各种小型无线电通信设备上的天线

1909 年 11 月，马可尼 35 岁，因发明无线电的功绩，荣获了这个年度的诺贝尔物理学奖。和马可尼同时分享这个荣誉的，还有德国科学家布朗。布朗是阴极射线管的发明人，他的耦合电路定向天线，对无线电的远传送信号作出了巨大贡献。至于第一个探索无线电世界、毕生为发展无线电事业奋斗的俄国人波波夫，他的事业没能得到国家的支持。他在 1906 年患脑溢血突然去世，年仅 47 岁。由于诺贝尔奖金只发给活着的科学家，因此，波波夫没有获得这个荣誉。